겨울 속에 자라나는 봄
내님을 기다리며
이영기

새로운 백년의 문턱에 서서

글 이석기

초판 발행 2020년 12월 18일
3쇄 발행 2021년 2월 18일

편집 이동권
도움 이정무
표지디자인 더블루랩

펴낸곳 민중의소리
펴낸이 윤원석
경영지원 김대영
전화 02-723-4260
팩스 02-723-5869
주소 서울시 종로구 삼일대로 469 서원빌딩 11층
홈페이지 www.vop.co.kr
등록번호 제101-81-90731호
출판등록 2003년 1월 1일

값 22,000원 ⓒ이석기 ISBN 979-11-85253-83-1

「이 도서의 국립중앙도서관 출판예정도서목록(CIP)은
서지정보유통지원시스템 홈페이지(http://seoji.nl.go.kr)와
국가자료종합목록 구축시스템(http://kolis-net.nl.go.kr)에서 이용하실 수 있습니다.
(CIP제어번호 : CIP2020050645)」

새로운 백년의 문턱에 서서

이석기 옥중수상록

민중의소리

추천사

함세웅 신부

「옥중수상록」은 단테를 영적세계 하늘나라로 이끈 베아트리체와 같이, "새로운 백 년의 문턱에 서서" 우리 모두 "평화와 번영"의 새 옷으로 갈아입고 하늘을 향해 높이 날라는 초대와 호소입니다.

이 책은 또한 "듣는 마음을 주시어 주님 백성을 잘 이끌고 선과 악을 분별할 수 있게 해 주십시오"(1열왕 3,9)라는 솔로몬의 지혜 청원을 연상시키는 우리 민족 공동체를 위한 아름다운 길잡이, 평화공존을 위한 간절한 기도입니다.

2013년 1월 29일 암울했던 박근혜 대통령 당선자 시절, 이석기 동지는 국회의원 신분으로 조계사 내 한국불교역사문화기념관에서 열린 민족문제연구소 제 4대 이사장 취임 행사에 참석해 회원들을 축하했습니다. 그리고 그 해 8월 28일 국가보안법 위반으로 구속 되었습니다.

그 인연으로 저는 많은 분들과 함께 이석기 동지를 마음에 품고 그의 희망이며 신념인 "자주, 평등, 평화" 실현을 위해 매일 미사 중에 기도하고 있습니다.

유네스코는, 탄생 200주년을 맞는 한국의 첫 사제 성인 김대건(1821-1846) 순교자를 "2021년 유네스코 세계 기념 인물"로 선정했습니다. 김대건 신부님을 유네스코가 선정한 이유는 그의 보편적, 세계사적 가치, 자주, 평등, 평화사상 때문입니다. 청년 김대건은 인간의 가치 곧 만민평등과 평화사상에 근거해, 조선왕정 당대의 금령을 넘어서 단절과 비약을 이룩하신 분입니다. 그렇습니다. 우리 역사에는 수많은 청년 김대건이 존재합니다. 순국선열들, 인권과 민주화와 통일의 실천자와 희생자들 그리고 이석기 동지가 바로 그들 중 한 분입니다.

저는 사제로서 이석기 동지의 삶과 선택을 높이 평가합니다. 민족공동체가 바로 그의 사고중심과 핵심이며 존재이유이기 때문입니다. 그는 참으로 이웃 사랑과 공동체를 위한 전적 헌신자입니다.

가톨릭 수도자들의 수련 과정은 보통 2~3년으로 종신 서원까지는 7~8년이 걸립니다. 사제가 되는 과정도 신학대학의 경우 약 7년입니다. 그런데 이석기 동지는 8년째 옥에서 은수(隱修)생활을 하고 있으니 이 모든 수련 과정을 거친 독수자(獨修者)인 셈입니다.

저도 감옥생활을 하면서 감옥은 "제2의 신학교", "수련소"라고 생각하며 매일 매 순간 저 자신과 싸우며 하느님과 이웃에게 저지른 죄와 잘못에 대해 반성하고, 뉘우치고 속죄의 기도를 올리며 공동체에 대한 사제적 봉사를 새롭게 깨닫고 다짐한 바 있습니다. 감옥은 사실 정화소(淨化所)입니다. 이것이 바로 감옥의 영성, 골고타 십자가의 영성입니다.

이석기 형제는 8년간의 정화 과정에서 승화된 몸과 마음으로 이제는 민족공동체 모두를 위한 아름다운 희생과 화해의 제물이 되었습니다.

감옥의 영성은 반복과 수련, 성찰과 상승 그리고 초지일관을 통해 불변의 가치를 거듭 다짐하는 삶입니다.

이에 청년 시절의 그 열정을 되새기며, 이제는 바로 그가 더욱더 민족공동체와 이웃을 위해 고뇌하고 고민하고 사색하는 훌륭한 구도자, 우리의 길잡이임을 확인합니다.

불변의 가치가 지고합니다. 그러나 그는 결코 한자리에 머무르지 않고 끊임없이 흘러가는 물, 새 길을 찾고, 새 길을 뚫고, 새로운 물이 흐르도록 길을 터주는 선구자입니다.

그는 참으로 열린 자유인, 모두를 존중하는 만인의 벗, 초월적 가치를 추구하는 도인(道人)입니다. 그는 감옥에서 끊임없이 스스로를 채찍질하며 자신과 싸워 이기고 절제하는 실천적 영성가입니다.

감옥에서 늘 남북 8천만 겨레를 가슴에 품고, 8천만의 눈동자를 바라보며 대화하는 민족의 길잡이, 민족의 동반자입니다. 그는 이제 모든 이념과 사상을 넘어 열린 마음으로 자연과 우주, 온 세상을 품고 모든 이웃을 형제자매로 받아들이며 나아가 나와 생각이 '다른' 형제자매들과도 공존해야 함을 선포하고 있습니다.

'다름'의 가치를 주창하는 성숙한 이석기 동지는 우리시대 그리고 미래세대의 주역인 청년과 여성들에 대한 사랑과 존경, 그들의 역할을 특별히 강조하고 있습니다.

그렇습니다. 우리는 새로운 시대에 살고 있습니다. 아니, 새로운 시대를 이룩해야 합니다.

그렇다면 모든 고정 관념, 남북관계에 대한 폐쇄적이며 배타적인 편견 그리고 무엇보다도 특히 미국 등 큰 나라에 대한 종속적 비굴한 자세를 과감하게 떨쳐버리고 성숙한 인간과 민족적 긍지 속에서 만민평등이라는 보편적 가치와 교훈을 깨닫고 실천해야 할 때임을 그는 단언하고 있습니다.

'지금 여기'에서 가장 중요하고 우선하는 것이 과연 무엇일까를 생각하고, 고민하고 선택하고 실천해야 하는 민족의 실존적 요구와 가치 앞에서 우리는 분명히 결단하고 선택해야 함도 호소하고 있습니다.

이석기 동지는 인생의 구도자, 철저한 혁명가 그리고 지혜를 추구하는 영성가이며 무엇보다도 민족공동체를 위한 헌신적 정치가입니다.

하느님. 이석기 형제의 염원을 들어주소서.

그리고 겨레의 꿈을 실현해 주소서.

하늘에 계신 선열들이여, 도와주소서. 저희 모두 민족공동체의 초석이 되도록 간구해 주소서.

이 책을 통해 만날 모든 분들 특히 청년학생들과 여성들과 함께 민족의 일치와 평화 공존의 가치를 확인하며 공동선 실현을 위해 기도합니다. 고맙습니다.

서문

수원구치소에서 대전교도소로 옮겨오면서 제 생활에도 조금 변화가 생겼습니다. 콘크리트 건물 안에서만 생활하다가 비로소 땅을 밟을 수 있게 되었다든가, 좀 더 맑은 공기 덕분에 아침에 일어나는 게 훨씬 상쾌해졌다든가 하는 것도 있지만, 무엇보다 생각을 할 시간이 늘어났습니다. 면회를 오는 사람도 제한을 받게 되었고, 수사나 재판에 소요되는 시간도 없어졌으니까요. 그러다보니 아침부터 저녁까지 종종 상념에 잠기게 됩니다.

이런 상념들 중에는 아예 '이 문제를 생각해봐야지'하는 것도 있지만, 나도 모르게 떠올리게 되는 기억들과 그런 기억들에 대한 되돌아보기가 포함되지요. 무엇보다 바깥에서 보내 온 편지를 읽을 때면 깊은 상념에 빠지곤 합니다. 주로 청년들이 보내 온 편지에는 각자의 고민이 담긴 질문이 가득합니다. 내가 바깥에 있다면 어떻게 대답했을까, 그런 대답이 과연 이 편지를 보내온 이에게 도움이 될까. 이렇게 생겨나는 생각들을 틈틈이 메모를 해 두었는데, 이번에 그것들을 다듬어 책으로 내게 되었습니다.

옥중의 생활이란 것이 겉으로 보면 퍽이나 단순합니다. 이렇게 생활이 단순해질수록 오히려 생각은 점점 늘어납니다. 그런 걸 보면 과연 사람은 생각하는 존재임에 분명하지요. 유명한 서양철학자는 '나는 생각한다. 고로 존재한다'고 했다던데, 감옥 안에 있는 사람들은 확실히 '생각 하는 사람'임에 분명합니다.

나는 생각이 불온하다는 이유로 옥에 갇힌 사람인데, 이 안에 들어와서도 생각을 하고 있으니 역설적이지요. 사람이 생각하는 건 존재 그 자체의 특성일 테고, 이걸 권력의 자로 재어서 그 기준에 맞지 않는다고 감옥에 가두는 건 야만적인 체제입니다. 그런 야만의 세상에서도 나는 여전히 생각을 하고 있으니, 좀 유쾌하게 이야기를 하자면 나를 감옥에 가둔 사람들은 확실히 실패하였습니다.

　이 책은 그 동안 내가 해 오던 생각들을 나름대로 자르고 붙이고 하여 새로 쓴 것입니다. 크게 보면 네 부분으로 구분될 수 있는데, 내가 감옥에 들어오기 전에 살아온 이야기들이 있고, 수년간 옥에서 생활하면서 겪은 이야기들이 있고, 또 감옥 바깥에서 벌어지는 일들에 대한 나의 생각을 우리나라의 안과 바깥으로 나누어 적은 것이 있습니다. 과거와 현재와 미래라고 불러도 좋을 것입니다.

　인터넷 검색도 할 수 없고, 책도 찾을 수 없어서 그저 기억에 의존하다 보니 잘못되거나 부족한 부분도 있을 것입니다. 다만 이 책을 읽는 독자들께서 제가 꺼내놓은 이야기의 세세한 부분보다 그중 씨앗이 될 만한 부분에 눈을 돌려주신다면 좋겠습니다.

2020년 11월 대전옥에서

이석기

차례

005 추천사   함세웅 신부

011 서문

017 어디서나 주인이 되라

031 강을 건너면 배는 버려야 한다

041 우리는 모두 민주주의자다

057 거대 양당체제를 벗어나려면

073 흔들리는 동북아에서의 전후 체제

087 우리는 지난날의 우리가 아니다

103 한미동맹이라는 미신

121 탈동맹–남북협력의 길

137 경제의 중심은 민중의 삶

151 우리는 같은 출발선에 서 있나

163 세습되는 불평등을 바꾸는 힘

179 대담한 변화를 위하여

195 새로운 백년의 문턱에 서서

어디서나
주인이 되라

수원구치소에서 5년 8개월의 시간을 갇혀 지내다가 2019년에 이곳 대전교도소로 옮겨왔습니다. 어디서나 갇혀 지내는 건 고통스럽지만 그래도 이곳 대전이 조금은 더 낫습니다. 우선 쇠창살 없이 온전한 햇볕을 받을 수 있으니까요. 수원의 한 평쯤 되는 독방엔 신문지 절반 크기 만한 창이 있었는데, 이 창이 바깥을 향한 게 아니라 복도를 향해 난 것이었지요. 햇빛은 물론이고, 바람도 지나다니지 않는 이름뿐인 창이었습니다.

운동하기도 좋아졌습니다. 수원에선 어린이집 정도 되는 공간의 시멘트 위에서 운동을 해야 했는데, 이곳에선 흙을 밟을 수 있습니다. 운동장이라고 부르긴 턱없이 작은 공간이지만 흙을 밟는 느낌은 참으로 새롭고 좋았습니다. 발끝에서 살살 올라오는 부드러운 느낌이 흙속에서 벌어지고 있는 일들을 알려줍니다. 그곳에선 벌레들이 꼬물거리며 어디선가 날아온 풀씨가 싹을 틔우기 위해 버둥거리고 있겠지요. 며칠 전 내린 비는 벌써 저 어디쯤 닿았을 테고, 어젯밤 내려앉은 별빛들도 더 낮은 곳으로 스며들고 있지요. 지금 그것들이 보이지 않는다고 아예 존재하지 않는 건 아닙니다.

보이지 않지만 소중한 것은 또 있습니다. 대지 위를 스치며 달려 온 바람을 이곳에선 그대로 만날 수 있습니다. 수원에선 벽에 부딪쳐 꺾이고 약해진 그래서 근근이 복도를 지나 곧 소멸하고야 말 그런 바람밖에 만날 수 없었거든요. 바람은 보이지 않지만 무언가 움직이고 있음을 알려줍니다. 잠시 늘어진 정신을 확 잡아채는 그런 센 바람을 나는 어려서부터 무척 좋아했습니다.

이번엔 전혀 예상치 않게 긴 감옥생활을 하고 있습니다만, 나는 2000년대 초반에도 1년 조금 넘게 수감생활을 했었습니다. 그때는 1980년대와 90년대의 활동을 정리하는, 그러니까 어쩔 수 없는 통과의례라고 생각을 했었지요. 답답하다기보다는 홀가분하다는 심정이 더 많았습니다. 그 전과는 다른 새로운 길을 구상하며 여러 가지 생각을 하느라 바쁘기도 했었지요. 하지만 이번엔 좀 다릅니다. 내가 '내란음모' 사건으로 구속된 이후에도 박근혜 정부의 광기어린 탄압은 계속 이어졌습니다. 통합진보당이 해산되고, 함께했던 이들이 고난을 겪는 걸 보면서 늘 마음이 무거웠습니다.

하지만 운명이 나를 잡아먹게 두어선 안 되겠지요. 불교에서는 '수처작주(隨處作主)'란 말이 있습니다. 어느 곳이건 가는 곳마다에서 주인이 되라는 말입니다. 감옥에 있든, 그렇지 않든 내 삶의 주인은 나입니다. 나는 사람의 삶의 본질을 자주성이라 생각합니다. 스스로의 존재에 대한 각성은 삶의 태도에 대한 각성으로 이어지지요. 감옥이라고 해도 결코 침해할 수

18   이석기 옥중수상록

없는 것은 스스로의 삶에 어떤 태도를 취할 것인가 하는 자유입니다. 이 자유는 누구도 침해할 수 없지요. 언젠가 아우슈비츠 수용소의 경험을 다룬 책을 본 기억이 있습니다. 죽음을 앞둔 이들이 자신의 삶에 의미를 부여하고 사랑의 의미를 되새기는 것에 큰 감명을 받았지요. 인생에 시련이 없을 수는 없겠지만 나는 그것을 두려워해 본 적이 없습니다. 우리가 하는 일에서도 마찬가지이겠지요. 시련이 찾아오는 걸 두려워해서는 아무 것도 도모할 수 없을 테니까요.

자주적인 삶, 그리고 벗들

기왕에 감옥 이야기를 시작했으니 좀 더 이야기를 할까 합니다. 갇힌 이들의 하루는 아침 6시 반에 시작합니다. 나는 보통 5시에 일어나 명상을 하고 글을 씁니다. 스스로를 들여다보고 마침내 그것을 비워내면 뭔가 깨끗해진다는 느낌이 들지요. 지금처럼 글을 쓰는 것이 이 시간이지요. 아침을 먹고 나서 운동시간이 되면 열심히 뜁니다. 오후에는 신문을 꼬박 읽고 접견 온 이가 있으면 잠시 반가운 만남을 갖지요. 사실 나는 토론을 무척 즐겨왔는데 그런 시간을 가질 수 없는 게 무척 아쉬운 일입니다.

정치범을 가둬두는 목적은 그를 인간관계로부터 분리시키는

것과 함께 그의 정신을 굴복시키는 데 있습니다. 감옥 안에서
조차 다른 이들과는 만나지 못하도록 독방에 가두고 노역도 내
보내지 않습니다. 철저하게 고립시킴으로서 답답함과 무력감
에 빠져들게 하고, 신체적 정신적 고통 앞에서 하나의 인간이
참으로 나약한 존재라는 점을 부각시키려 합니다. 여기에서 한
번 굴복하면 나의 삶을 지배하는 그 어떤 운명 같은 것을 생각
하게 되지요. 그렇게 생각하는 것이 스스로에게 위안을 주기도
합니다. 하지만 수백 번을 다시 생각해봐도 사전에 정해진 그
런 운명 따위는 없지요. 내 운명의 주인은 나 자신이며, 이를 부
인할 어떤 과학적 증거도 없거든요. 이곳에서 나는 취침 시간
이 아니면 단 한 번도 눕지 않았습니다. 단단한 자기 규율로 저
들의 심리적 공세에 맞선 것이지요. 사람의 기개를 꺾기 위해
잘 설계된 시스템 안에서 스스로를 지키기 위해 싸우는 것은
매우 고단합니다. 그때마다 큰 힘이 된 것은 나를 찾아준 벗들
이었습니다.

  지난해에 접견을 온 이가 나에게 "언제나 웃는 모습이 보기
좋다"는 말을 한 적이 있었습니다. 아마 그를 만난 것이 좋아서
였을 것입니다. 애인을 만날 때 찡그리는 사람은 없습니다. 아
이를 볼 때도 그렇지요. 누군가 내가 웃는 것을 보았다면 아마
그 사람은 나에게 아주 소중한 사람, 아름다운 사람이었을 것

입니다.

나는 사람이 좋아서 운동을 시작했습니다. 누구에게나 약점이 있고, 부족한 면이 있겠지만, 나는 그가 어떤 사람이건 그냥 좋았습니다. 누구는 이런 면이 좋고, 누구는 저런 장점이 있었으니까요. 좋은 벗들을 만나는 건 그것만으로도 충분히 즐거운 일입니다만, 세상을 바꾸는 일의 출발이기도 하지요. 무엇보다 제 한 몸의 이익을 위해서가 아니라, 민중의 이익, 민족의 미래 그리고 벗들을 위해 살아가고 있는 그런 사람을 만나는데 어떻게 웃지 않을 수가 있겠어요. 글자 그대로 뜻을 같이 하는 벗(同志)을 만나는 건 인생에서 비견하기 힘든 행복이지요.

작년에는 시한부 선고를 받고 암 투병 중인 동지가 나를 만나러 왔습니다. 그는 자신이 나 대신 징역을 살고 싶다고 했지요. 얼마 남지 않은 삶을 불꽃처럼 살아가는 사람이었습니다. 그가 철창 안과 밖을 바꾸고 싶다고 했을 때 나는 큰 충격을 받았습니다. 나 역시, 밖의 동지들이 살아야 나도 사는 것이고, 동지들이 없다면 나도 없다고 생각해왔거든요. 그의 뜨거운 마음이 면회소의 칸막이를 넘어 내 심장을 두드리자 그와 나 사이엔 커다란 공명이 일었습니다.

외국에서 들어와 두 번이나 감옥을 찾아준 미셸 초서도브스키 교수도 기억이 납니다. 그는 2015년에 새로운 저서인 〈전쟁의 세계화〉를 출간했는데, 이 책의 맨 앞에서 나를 "평생에 걸쳐 악명 높은 국가보안법과 싸운 사람"이라고 부르면서 자신의 책을 나에게 헌정한다고 했지요. 과분하고 고마운 일이었습니다. 그는 나에게 "항상 함께 하고 있다는 걸 기억해 달라"고 했습니다.

감옥의 높은 담벼락을 넘어오는 소식도 있습니다. 비유적인 의미가 아니라 실제로 말이지요. 명절이 되면 나의 석방을 요구하는 벗들이 구치소 주변에서 집회를 열곤 했습니다. 수원구치소에서는 아스라하게나마 그 소리가 들립니다. 연설이나 구호는 명확하게 들리지 않지만, 노래는 알아들을 수가 있습니다. 곡조가 있으니 그렇겠지요. 언젠가 설날이었는데 옥담 밖에서 청년들의 합창이 들려왔습니다. 명절이니 면회도 없고, 운동도 없고 그저 꼼짝없이 춥고 좁은 방 안에 갇혀 있을 수밖에 없었는데, 그때 들려온 노래는 참으로 달콤했습니다. 순식간에 나를 감옥에서 꺼내어 벗들 속으로 데려갔지요.

어느 정도 나이가 들어 자아라는 게 형성되고 나면 누구나 자유롭게 살기를 원합니다. 자신의 뜻대로 살고 싶어 하는 것이지요. 그러나 남들이 다 학교에 가니 학교를 가고, 돈을 벌어야 하니 취직을 합니다. 학교는 학생을 가두어두고, 직장은 노동자들을 가두어 둡니다. 이것이 그저 자연스러운 것인지 우리는 물어봐야 합니다. 이렇게 사는 나의 삶이 정말 내가 스스로 사는 인생인지를 말입니다. 감옥은 그런 면에서 가장 극단적인 공간이지요. 어느 것 하나 내 뜻대로 할 수 없는 곳이니까요. 그러나 감옥 안에서 '나의 삶'을 살기 위한 투쟁이나, 감옥 바깥에서 '나의 삶'을 살기 위한 투쟁은 사실 본질적으로는 같습니다. 내가 앞에서 어디에서든 주인이 되라는 말을 떠올린 이유이기도 합니다.

사람은 누구나 존엄합니다. 그 시작은 자기 자신의 존엄함을 깨닫는 것이지요. 감당하기 어려운 시련을 만났을 때, 눈앞의 문제들을 도저히 넘어설 수 없을 것 같아 힘겨울 때, 중요한 선택의 기로에서 마음이 흔들릴 때마다 나는 내가 어떤 존재인가를 생각합니다. 불교에서는 모든 사람에게 불성(佛性)이 있고, 따라서 누구나 부처가 될 수 있다고 하지요. 양명학에서 말하는 양지(良知)나 동학의 '사람이 곧 하늘'이라는 가르침도 마찬가지일 겁니다. 이것은 중요한 문제들을 만날 때마다 내가 어떤 입장을 가질 수 있도록 하는 원천이었습니다.

스스로 자기 삶의 주인이라는 자각은 타인과의 관계를 만들어가는 출발이 됩니다. 우리는 관계 속에서 살아갑니다. 사회적 존재는 사회적 관계가 없이는 생겨날 수 없지요. 흔히 사람은 사회적 존재라고 합니다. 하지만 실제 사회에서 사람은 돈으로 환산되는 물건과 크게 다르지 않습니다. 공장에서, 회사에서 노동자는 말을 할 수 있는 기계로 간주됩니다. 소비자로서 사람은 그가 소비할 수 있는 능력만큼의 '고객님'입니다. 여기에서 통용되는 규칙을 배우고 익히는 공간이 학교이기도 하고요. 이런 강제와 물신의 세계에서 벗어나 진정한 사회적 관계, 사랑과 믿음이 중심이 되는 관계를 맺는 건 새로운 사회에서만 가능합니다.

우리 사회의 다른 사람들처럼 나는 분단된 나라, 자본주의 경제관계가 중심이 된 사회에서 태어나 자랐고 지금도 살고 있습니다. 그러나 나는 분단을 인정하고 싶지 않았고, 돈으로 사람을 재는 사회를 벗어나려 했습니다. 이건 자유를 갈망하는 사람의 본성일지도 모릅니다. 이런 갈망이 헛된 꿈으로 끝나지 않은 건 벗들 덕분이었습니다. 나는 사람이 좋아서 이 길에 들어섰다는 말을 가끔 하곤 했는데, 더 정확히 말하면 벗들과 맺은 관계 – 이걸 우애라고 불러도 좋고, 연대와 협력이라고 불러도 좋고, 아니면 믿어주고 위해주는 사이라고 해도 좋습니다 – 에서 행복을 느꼈던 것이지요. 이것은 인류가 생각해왔던, 하지만 아직 이루지 못한 새로운 사회의 가장 중요한 운영원리이기도 하지요. 그런 행복이 없었다면 나는 진작에 좌절하고 말았을 것입니다. 심지어 감옥 안에서조차 나를 끌어가는 힘은 사람과의 관계에서 나오니까요.

자주적 삶에 대한 자각과 타인에 대한 사랑은 구분하기 어려울 수도 있습니다. 50년 전 전태일 열사는 마지막 유서에서 "그대들의 전체의 일부인 나"라고 썼지요. 전태일 열사가 사랑하는 이들을 떠나기 직전에 남긴 이 말을 나는 '그대'들로부터 격리되어 생활하는 독방에서 곱씹습니다. 그럴 때마다 마음 한쪽이 따뜻해지고 낙관과 열정이 되살아나지요.

무너진 서구 우월주의

코로나19가 대유행을 하면서 감옥 안의 상황도 많이 나빠졌습니다. 원래 감옥은 격리와 통제의 공간이었는데 더욱 심해진 것이지요. 이탈리아에서는 당국의 면회금지 조치에 맞서 수감자들이 폭동을 일으켰다는데 그 심정이 이해가 될 정도입니다. 다행히 바깥에서 당국의 적극적인 조치와 국민들의 협조 속에 사태를 관리해 가는 걸 보니 참으로 다행입니다.

이번 사태에서 우리가 얻은 것은 꽤 많습니다. 감염병 그 자체를 다스린 것도 의미가 있지만, 우리 사회에 뿌리깊이 남아 있던 서구 우월주의가 무너진 것이 더 큰 의미가 있습니다. 일제가 조선을 강점하면서 유포한 패배주의는 해방 이후에도 계속되었습니다. 일제강점기에는 일본에 대한 열등감이었다면,

해방 이후엔 서구 특히 미국에 대한 두려움이 그것입니다. 일제는 우리에게 '엽전은 안 돼', '조선 사람은 패야 말을 듣는다'고 했고, 영국의 언론은 '한국에서 민주주의를 기대하는 건 쓰레기통에서 장미가 피기를 기대하는 것과 같다'고 했지요. 주한미군사령관으로 5.18광주 학살을 승인한 존 위컴이라는 자는 '한국민은 들쥐와 같다'는 말까지 했지요. 2002년에 미선, 효순 두 여중생의 죽음에 항의하는 대대적인 촛불 시위가 열리기 전까지 이런 인식은 우리의 내면 깊숙이 자리하고 있었습니다. 최근까지도 미국을 두려워하면서 미국이 우리의 한참 위에 존재하는 나라라는 인식이 남아 있을 정도니까요.

하지만 코로나 사태에 대한 이른바 선진국들의 대처는 한심하기 짝이 없었습니다. 트럼프 대통령은 코로나19를 마치 흔한 감기처럼 취급하다가 막상 대유행이 벌어지자 강제로 모든 도시를 봉쇄하는 '락다운(Lock Down)'을 감행했습니다. 코로나 초기 중국이 우한을 봉쇄했을 때 선진국들은 중국이 독재 체제라 이런 조치가 가능했고, 도시의 봉쇄는 기본적 인권을 무시하는 행동이라고 비아냥거렸습니다. 하지만 선진국에서 벌어진 락다운도 거의 모든 대도시를 우한과 똑같은 상황으로 몰아넣었지요. 심지어 이들 나라들은 중국에 비해 더 많은 희생자를 낳았습니다.

우한의 의료붕괴를 구경하던 선진국들의 의료체계는 더 심각하게 무너졌습니다. 병원이 영리 추구의 도구로 되어있는 미국은 말할 것도 없고, 사회주의에 가깝다는 공공의료 체계를 자랑하던 유럽의 나라들도 속내에서는 매우 허술했다는 게 드러났지요. 신자유주의적 긴축이 이들 나라의 공공의료체계를 고장내어 버렸던 겁니다. 마스크나 진단키트 같은 비교적 간단한 의료용품조차 조달하지 못하고 속수무책으로 희생자들을 바라보고 있는 이런 나라들을 과연 선진국이라고 부를 수 있을까요?

반면 우리나라는 유럽이나 미국은 물론 중국과도 달리 대규모 락다운 없이 코로나 사태를 헤쳐가고 있습니다. 여기엔 의료진들의 헌신과 당국의 체계적 대응이 큰 역할을 했지만, 차분하게 사회적 거리두기와 감염병 예방 조치를 실천한 우리 국민들의 높은 시민의식을 빼놓을 수는 없을 것입니다. 우리는 코로나 사태에서 사재기 한 번 없었던 나라입니다. 미국에서는 생활필수품 사재기에 더해 총기가 불티나게 팔렸다고 하지요. 우리는 전혀 달랐습니다. 우리는 초유의 위기에도 서로를 믿었고, 그 결과 함께 위기를 넘어서고 있습니다.

사람들이 대규모로 집합적 행동을 하려면 서로를 믿어야 합니다. 나만 살자고 하면 이런 행동은 나올 수 없지요. 나는

2016년 말의 촛불시위와 이번의 코로나 사태 대응이 매우 유사하다고 느낍니다. 서로 면식도 없는 이들이 서로를 믿으면서 공동의 목표를 향해 함께 전진했다는 점에서 그렇고, 그 행동의 결과로 서로에 대한 신뢰가 더욱 높아졌다는 점에서도 그렇습니다. 좀 과장해서 말하면 우리는 모두 친구요, 동지였다는 걸 확인한 것이지요. 우리는 우리 스스로를 자랑스럽게 생각할 충분한 근거들을 갖게 되었습니다.

심리학자들은 자존감을 갖고 스스로를 존중하는 사람이 올바른 정체성을 가질 수 있다고 합니다. 꼭 이런 주장에 동의하지 않더라도 자신을 믿는 것은 참으로 중요한 일입니다. 스스로를 믿지 못하면 남에게 휘둘리게 되고, 이런 상태가 오래 지속되면 남에게 예속된 것을 하나의 정상으로 생각하게 되지요. 지배자들, 제국주의자들은 자신이 억압하고 있는 이들이 이런 상태에 머물러 있기를 원합니다. 그러면 아무런 강제력이나 폭력을 사용하지 않고서도 남을 지배할 수 있게 되니까요.

나는 개인이나 집단이나 모두 스스로를 귀중히 여기고 자주적 존재로 살아나가야 한다고 믿습니다. 이런 태도는 저절로 생기는 것이 아니고 살며 투쟁하는 과정에서 생겨납니다. 차별과 가난을 어쩔 수 없는 것으로 받아들였던 노동자들이 노동조합을 결성하고 싸우는 과정에서 스스로 세상의 주인임을 자각하는 것처럼 말입니다. 마찬가지로 코로나에 맞서 싸운 경험은 우리가 오래된 서구 우월주의나 미국에 대한 공경심 따위를 버리고 스스로의 힘을 자각하는 매우 중요한 계기가 될 것입니다.

강을 건너면
배는 버려야 한다

나는 2012년 총선에서 당선된 후 가진 라디오 인터뷰에서 "강을 건너면 그 배는 버리고 가는 것"이라는 말을 한 바 있습니다. 당시에는 나에게 특정한 이념, 그러니까 마르크스주의라든가 주체사상을 신봉하는 사람이라는 딱지가 씌어져 있을 때였습니다. 언론 인터뷰에만 나가면 어떻게든 이런 질문이 나왔지요. 강을 건너면 배를 버려야 한다는 말은 그런 질문에 대한 나의 대답이었습니다.

원래 이 말은 불교의 〈금강경〉에 실린 것이지요. 부처가 제자에게 설법한 것을 담은 이 경전의 앞부분에 이 이야기가 나옵니다. 부처는 자신의 설법을 '뗏목'의 비유로 알아야 한다면서, 자신의 설법에 집착하지 말라고 충고합니다. 강을 건너려면 배나 뗏목이 필요하지만 건너편에 닿은 다음에는 배를 버려야 합니다. 배를 머리에 이고 언덕을 오를 수는 없으니까요. 부처는 자신의 설법을 깨달음을 얻기 위한 뗏목이나 배로 생각해야지 그것에 집착해서는 안 된다고 가르친 것입니다.

나는 어떤 이념이나 이론에 대해 대체로 이렇게 생각해왔습니다. 나는 1980년대에 청년기를 겪었던 다른 운동가들과 마찬가지로 여러 가지 이론을 접해 보았습니다. 그때 운동권들은 무슨 금기라는 게 없었지요. 나이가 많고 적고를 따지지 않고, 고향이 어디든 학교가 어디든 자유롭게 토론을 하였습니다. 민주주의는 기본이었고 마르크스주의나 해방신학, 종속이론, 주체사상, 러시아나 중국의 혁명 같은 온갖 '불온한 이념'들이 아무런 거리낌 없이 토론의 주제가 되었습니다. 나는 그때의 그런 분위기를 지금도 무척 긍정적으로 기억합니다. 밤새워 사상과 이론을 토론하고, 뜻이 맞으면 동지로 맺어지는 건 참으로 아름다운 경험이었습니다. 청년시절이 소중한 것은 이렇게 깨끗한 마음으로 세상을 바라보고 사람을 만날 수 있기 때문일 것입니다.

하지만 이런 이념들이 순수한 형태로 누군가의 생각을 지배한다는 건 거의 있기 어려운 일입니다. 아마 나에게 공격적으로 '당신의 사상이 무엇이냐'를 물었던 이들도 막상 스스로에게 이런 질문을 던졌을 때 간단히 대답하기는 어려울 것입니다. 우리에게 이념은 강을 건너기 위해 필요한 배와 비슷합니다. 강을 건넜다면 배를 버려야 할 때가 올 것이고, 강을 건너지 못했다면 다른 배를 찾아봐야 하지요.

어떤 특정의 이념이나 주의보다 사람에게 더 큰 영향을 끼치는 건 현실입니다. 1980년대 내가 만났던 많은 운동가들은 선거를 통한 정권교체는 불가능하며, 오직 민중의 항쟁을 통해 폭력적으로 정권을 교체할 수 있다고 믿었습니다. 이건 '권력은 총구에서 나온다'는 교리를 따랐기 때문이 아닙니다. 그때

이석기 옥중수상록

까지 정권을 잡았던 이들, 그러니까 박정희나 전두환이 폭력을 통해 집권했기 때문이지요. 특히 1980년 광주에서의 참혹한 경험은 당시 운동가들에게는 누구나 각오해야 할 일처럼 다가왔습니다. 보수적 언론들이 운동가들을 비난할 때 걸핏하면 사용하는 '폭력 혁명'이란 말은 이처럼 '현실'이 우리에게 설명해 준 것이지, 무슨 책에서 나온 건 아니었습니다.

1997년의 정권교체를 보면서 나는 선거의 방식, 합법적인 정치과정을 통해 사회를 진보시키는 것이 가능하다고 생각하게 되었습니다. 내가 2000년대 들어 여론조사와 선거 컨설팅을 하는 회사를 설립한 것도 그 때문이었지요. 그때까지만 해도 이른바 운동권의 많은 인사들은 이런 시각에 대해 의구심을 보였습니다. 근본적 변혁을 포기한 것이 아니냐는 비난도 들었습니다. 하지만 나는 그것이 현실이 가리키는 방향이라고 생각했지요.

1980년대에는 앞서 이야기한 것처럼 마르크스–레닌주의나 주체사상이 유행했습니다. 하지만 1991년 소련과 동구사회주의권이 몰락하면서 마르크스–레닌주의의 권위는 크게 떨어졌지요. 1990년대 후반에 북한이 경제적 어려움을 겪으면서 주체사상에 대한 회의적 시선도 늘었습니다. 운동가들 중에는 사상적 혼란을 겪고 활동을 중단하는 경우도 있었고, 심하게는 아예 기득권층에 편승하는 배신도 있었습니다. 그때 나는 우리가 어떤 이념이나 특정한 사회 모델을 보고 운동을 한 것은 아니라고 생각했습니다. 우리의 현실이 우리를 밀어가는 것이고, 우리가 함께 살아가고 있는 민중의 이해와 요구가 운동의 동력이지요. 한국 민중의 현실이 여전히 고단하다면 우리가 해야 할 일은 분명하지 않습니까.

나는 여전히 진보적인 이념이나 사상, 이론을 탐구하는 것이 매우 중요하다고 생각합니다. 사회의 변화와 발전을 법칙적으로 이해하는 것은 마치 바다 위의 배가 나침반을 활용하는 것과 마찬가지니까요. 우리는 선각자들이 창시해 낸 사상 속에서 현실을 바꿔낼 영감을 얻을 수 있습니다. 그러나 역시 더욱 중요한 것은 이런 이념과 사상의 바탕에 무엇을 두느냐지요. 사람의 행동반경을 규정하고 동력을 제공하는 것은 과연 무엇일까? 고난과 시련을 겪을 때 이를 뚫고 나갈 수 있는 힘은 어디에서 나오는가? 나는 그것을 양심이라고 부릅니다. 민중과 함께 하겠다는 마음, 그것이 양심입니다. 이런 양심이 사상이나 이론이라는 무기를 활용하는 것이지 그 반대는 아닐 것입니다.

양심과 현실이 가리키는 길을 따라

양심이라는 말과 가장 잘 어울리는 건 청년입니다. 청년기의 사람에겐 금기도 없고, 집착도 없습니다. 현실을 있는 그대로 보고 진리를 찾아가는 데 청년만큼 유리한 위치에 있는 경우도 없지요. 오랫동안 사회주의가 발붙이지 못했던 미국에서도 1980년대 이후에 태어난 청년들은 사회주의에 대해 아무런 거부감이 없다고 합니다. 미국 민주당의 버니 샌더스 돌풍에는 이들 청년들이 주축이 된 민주적사회주의자(DSA) 조직이 있었지요. 우리 사회에서도 마찬가지입니다. 청년들은 우리 역사의 주요 고비에서 중요한 역할을 했습니다. 나는 2000년대 이후 우리 사회가 직면한 문제들, 그러니까 불안정 노동의 증가, 주택 문제, 불평등의 심화, 페미니즘과 소수자 인권 문제, 농업의 붕괴, 기후위기 같은 문제들에서 청년들이 주역이 될 수 있고 되고 있다고 생각합니다. 이런 문제들이야말로 과거의 생각에 얽매이지 않는 새롭고 과감한 활동들이 필요한 영역입니다.

나이가 든다고 청년기의 양심이 퇴화되는 것은 아닙니다. 그러나 그렇게 하자면 반드시 의식적인 노력이 필요합니다. 누구나 살면서 '자기의 것'을 만들기 마련이지요. 그것이 민중을 위하여 헌신하는 데서 도움이 된다면 아무 문제가 없을 것입니다. 그러나 그렇지 않은 경우도 많습니다. 이를테면 정치권에 들어간 386세대 같은 경우가 그렇습니다. 1980년대 학생운동과 노동운동을 했던 이들 중에는 제도정치권에 투신한 이들이 있었습니다. 아마 이들도 처음엔 세상을 바꾸기 위해, 민중을 위해 정치를 시작했을 것입니다. 이제 이 사람들은 집권당의 주류가 될 정도로 성장했지요. 하지만 정치를 시작할 때의 마음, 청년기에 가졌던 '민중과 함께 하겠다'는 생각은 찾아보기 어렵습니다. 대신 국회의원이 되겠다, 고위 공직자가 되겠다는 집착이 더 많이 보입니다. 무엇을 하겠다가 아니라, 무엇이 되겠다만 남은 것이지요. 앞서의 비유를 다시 들자면 이들이야말로 강을 건너고서도 뗏목을 이고 가고 있는 것이지요. 자신들이 어디로 가는 지도 모르는 채 말입니다.

눈에서 멀어지면 마음도 멀어진다는 말이 있지요. 사람이 어디에 거처하느냐는 그 사람의 생각에도 영향을 끼칩니다. 어떤 사람의 생활이 민중과 함께 있다면 그런 사람의 마음은 잘 변하지 않습니다. 반대로 민중의 삶에서 멀어진 생활을 거듭하면 특별히 노력하지 않는 한 생각도 바뀌게 되지요.

나는 사회진보의 열망을 가진 이들일수록 민중과 동고동락하는 것이 중요하다고 믿습니다. 민중의 아픔을 자신의 아픔으로 받아들이고, 민중의 기쁨을 자신의 기쁨으로 받아들이는 것 말입니다. 이렇게 하자면 아예 생활의 기반을 민중 속에 두고 함께 살아가는 것이 가장 좋습니다. 1980년대 이후 많은 청년들이 스스로 노동자가 되고, 농민이 되려고 했던 이유이지요.

이석기 옥중수상록

물론 사회진보에는 여러 가지 활동들이 필요하고 여기에는 지식인들의 역할이나 기업가들의 역할, 전업 활동가나 정치인의 역할도 있을 것입니다. 그렇다고 하더라도 스스로 민중의 일부분이 되겠다는 다짐과 노력이 없다면 청년 시절의 깨끗한 양심을 유지하기는 힘들어집니다.

언제부터인가 우리 사회에서는 '강남 좌파'라는 말이 생겨났습니다. 여기서 '강남'은 단지 서울의 어떤 지역이 아니라 부나 사회적 지위를 의미하는 말입니다. 지배계급에 더 가까운 위치에 있으면서 진보적 생각을 가진 지식인이나 전문직들, 자산가들을 보통 이렇게 부르지요. 다른 나라에도 브라만 좌파나 캐비어 좌파 같은 말이 있는 걸 보면 아주 특이한 현상은 아닌 것 같습니다.

나는 자신의 계급적 처지에서 벗어나 진보적 생각을 갖고 있는 사람들에 대해 존경심을 갖고 있습니다. 사회운동에는 지식과 돈이 반드시 필요하고 이런 걸 제공할 수 있는 사람들이 있다면 응당한 대우를 받아야 하고요. 이 사람들을 경시하거나 무슨 별종처럼 대하는 것은 분명히 잘못되었습니다.

한편으로 진보적 사상을 가진 사람들이 '강남 좌파'에 안주하는 것 역시 좋은 일은 아닐 것입니다. 끊임없이 아래로 내려가 민중과 함께하려 하지 않는 한 지금 단단해 보이는 진보적 생각들도 침습되기 쉬우니까요. 나는 양심이라는 거울을 닦는 가장 좋은 방법은 검소한 생활과 노동자, 농민계급의 구성원들과의 실질적인 관계를 확대해 나가는 것이라고 봅니다.

1990년대에 수배 생활을 할 때 나는 산을 자주 찾았습니다. 산길을 걷는 건 묘미가 있습니다. 자신의 두 발로 걸어야만 하고, 땀 흘린 만큼 앞으로 갑니다. 대단히 정직하다고 생각했지요. 우리의 삶도 산행과 비슷합니다.

북한산과 도봉산에는 거대한 바위들이 많습니다. 사람을 압도하는 위용을 보이는 화강암 덩어리를 보면서 나는 그 바위보다 더 크고 단단한 것이 인간의 신념이라고 생각했습니다. 신념의 출발은 인간에 대한 사랑입니다. 사람이 주체적 존재이고, 민중이 사회 발전의 주체라는 믿음이 여기서 나오지요. 그리고 역사 발전의 합법칙성을 끊임없이 탐구하는 노력이 더해지면 그것은 비로소 신념이 됩니다. 신념은 어떤 난관도 넘어설 수 있는 힘이 됩니다. 사람에게서 하나만 남기라고 한다면 나는 신념을 들겠습니다.

우리는 모두
민주주의자다

다들 2016년 겨울 광화문을 촛불의 바다로 만든 민중의 힘을 기억할 것입니다. 나는 수원구치소의 텔레비전을 통해, 또 면회를 온 이들의 설레는 눈빛을 통해 촛불혁명을 보았습니다. 그곳에 함께 하지 못하는 것이 아쉬워 꿈속에서 다녀오기도 했지요. 촛불혁명이 확인한 것은 이 땅의 진정한 주인은 바로 민중이라는 사실입니다. 우리 헌법에도 "모든 권력은 국민으로부터 나온다"고 되어 있지만, 실상은 그렇지 않다는 걸 우리는 알고 있지요. 권력은 힘을 가진 이들, 재산이 많은 이들의 것이고, 이들이 국가라는 도구를 이용해 민중을 통치하고 있다는 게 사실이겠지요. 하지만 권력자들의 악행이 도를 넘고, 도저히 이대로는 견딜 수 없다면 민중은 분연히 일어납니다. 해방 이후 불과 백년이 안 되는 동안에 1960년의 4월 혁명과 1980년 광주, 1987년의 민주항쟁이 있었고, 우리 모두가 함께했던 2016~2017년의 촛불혁명도 그중 하나입니다. 이들 혁명은 완전한 민중의 해방으로 나아가지는 못했지만, 우리 사회를 전진시켜 온 가장 중요한 계기가 되었습니다.

박근혜 정부의 가장 큰 잘못

우리 세대의 다른 사람들처럼 나는 청소년기를 박정희 정권 아래서 보냈고, 청년기에 전두환–노태우 정권을 겪었습니다. 이들 대통령들은 하나같이 쿠데타를 통해 정권을 잡았습니다. 폭력을 이용해, 그러니까 총칼로 권력을 잡은 것이지요. 사실 민주주의가 자리잡기 전까지 폭력은 권력을 잡는 데서 가장 중요한 도구였습니다. 마치 조직폭력배들이 상인들로부터 돈을 뜯어내는 것처럼 강한 폭력을 가진 집단은 다른 이들을 지배할 수 있습니다. 더구나 이들은 국민을 죽이면서까지 권력을 장악했으니 민중의 미움을 받을 수밖에 없었지요. 군부독재는 1987년의 민주항쟁 이후 쇠퇴해 1992년에는 자신의 후계자이지만 군인 출신이 아니었던 김영삼 대통령에게 권력을 넘겨줄 수밖에 없었습니다. 그리고 1997년엔 김대중 대통령이 마침내 평화적 정권교체에 성공했지요. 6월 민주항쟁 이후 10년 만에 마침내 민주주의 정치 시스템이 자리 잡게 된 것입니다. 민주주의는 정치에서 폭력의 그림자를 걷어내는 데 성공한 정치 시스템입니다. 혁명은 이처럼 서서히 그 목표를 달성하기도 합니다. 그러니 아직 촛불혁명이 무엇을 이뤄냈는지를 따지는 건 성급한 일인지도 모릅니다.

2016년의 촛불혁명을 논하기 전에 민주주의란 과연 무엇인가를 좀 더 생각해보려고 합니다. 동양적 전통 위에서 민주주의는 보통 "민심이 천심"이라는 말로 이해됩니다. 이런 사고가 민주주의의 본질과 닿아있는 건 분명하지만, 지금 우리가 경험

이석기 옥중수상록

하고 있는 민주주의는 서구에서 전파되어 온 쪽에 가깝지요. '다수에 의한 통치(demos+cracy)'에 법치주의가 결합된 것이 현재 우리가 합의하고 있는 정치시스템입니다. 이런 시각에서 보면 출신에 따라 왕족이나 귀족만이 정치를 할 수 있는 체제나 군이나 경찰과 같은 폭력기구를 통해 '다수의 위임'이라는 절차 없이 정권을 장악하는 건 민주주의와 글자 그대로 배치되는 것이지요. 우리 사회에서는 조선왕조가 몰락한 직후에도 조선왕조를 다시금 복위시키자는 차원의 반일-독립운동이 거의 없었습니다. 식민지 시기의 독립운동가들은 '민주공화국'과 '민족해방'을 같은 것으로 받아들였고, 이런 전통은 해방 이후 미군정이 이식한 미국식 민주주의와 연결되면서 현재의 민주공화국 체제를 만들어냈습니다. 그러나 '다수에 의한 지배', 즉 선거를 통해 다수의 지지를 받은 대통령을 만들어 낸 것은 빨라야 1987년, 더 정확하게는 1997년부터라고 봐야 할 것입니다.

1987년 이후 당선된 대통령들은 박근혜씨를 제외하면 모두가 임기를 채웠습니다. 박근혜 정부가 임기를 채우지 못한 건 그의 통치가 민주주의의 본질을 침해했고 이를 민중이 용납하지 않았기 때문입니다. 국회에서 탄핵소추안이 의결되고 탄핵소추심판을 맡게 된 헌법재판소는 당시 박 전 대통령의 탄핵 사유로 최순실이 이끄는 비선조직에 의한 국민주권주의와 법치주의 위배, 여당 공천에 개입하는 등 대통령의 권한 남용, 언론 자유 침해, 재벌로부터 뇌물 수수 등을 들었습니다. 이런 사유는 탄핵의 이유로는 충분했겠지만, 그렇다고 하더라도 다분히 형식적인 것이지요.

반면 민중의 입장, 현장을 중시하는 태도 위에서 촛불혁명을 취재한 경향신문의 원희복 기자는 박근혜 정부의 잘못에 대해 이렇게 정리했습니다.

첫째, 국가정보원을 동원해 대통령선거에 개입한 죄. 그리고 그 수사를 방해한 죄. 둘째, 쉬운 해고와 비정규직을 양산하는 법을 만들고 이에 저항하는 시위를 가혹하게 진압해 백남기 농민을 죽인 죄. 셋째, 개성공단을 폐쇄하는 등 한반도의 군사적 정치적 긴장을 의도적으로 조성한 죄. 넷째, 90년 전 나치 이론을 동원해 진보정당을 해산한 죄. 다섯째, 시대착오적인 국정 역사교과서를 만들어 역사를 왜곡하고 일본에게 100억 원을 받고 일본군 '위안부' 문제를 재론하지 않기로 합의한 죄. 여섯째, 세월호 참사에서 대통령의 직무를 방기하고 이에 항의하는 이들을 지속적으로 배제한 죄.

모두가 정확하고 본질적인 지적이라고 하지 않을 수가 없지요. 박근혜 씨는 자신과 주변의 몇몇 세력, 그러니까 '박근혜 파벌'의 이익을 위해 대통령직을 수행했던 것입니다. 그가 대통령직을 수행할 자격이 없었다는 건 재론의 여지가 없을 것입니다.

하지만 나는 박근혜 정부의 민주주의 파괴 행위에서 가장 본질적인 부분을 '종북공세'라고 봅니다. 민주주의는 다수에 의한 지배를 선언하고 이를 위한 절차를 규정하지만 동시에 '다수가 되지 못한 이들'을 보호합니다. 권력을 쥐고, 그에 따라 폭력을 독점하게 된 정치세력이 반대파를 힘으로 억압하지 못하도록 하기 위해서입니다. 사람의 생각은 다양하기 마련이지요. 여당이 있으면 야당이 있기 마련이고, 상황이 바뀌면 야당이 여당이 되기도 합니다. 하지만 박근혜 정부는 야당 혹은 자신을 반대하는 정치세력의 존재를 받아들이지 않았습니다. 그들은 반대파에게 '종북'이라는 딱지를 붙이고, 이들을 소멸시키려 했습니다. 과거 박정희나 전두환, 노태우가 했던 행동과 완전히 일치합니다.

글자그대로 해석하자면 '종북'은 북한을 추종하는 사람들을 의미합니다. 누군가를 다른 어떤 사람의 꼭두각시로 생각하는 건 매우 위험한 사고입니다. 사람은 자신의 이해관계와 신념에 따라 행동하지 남이 시킨다고 족족 따르지는 않지요. 어린 아이조차도 부모 말에 무조건 순종하지는 않습니다. 그러니 '종북'이라는 표현은 글자 그대로 존재하지 않는 환상일 뿐입니다.

하지만 박근혜씨가 집권하던 기간 내내 정권과 보수언론들은 반대파들을 그저 '종북'으로 내몰았습니다. 처음에는 진보적 정치인들과 정당이 '종북'으로 지목됐고, 좀 더 지나서는 노동조합과 진보적 사회단체, 진보적 성향의 민주당 소속 정치인들에게 '종북' 딱지가 붙었습니다. 심지어는 세월호 유가족들에게까지 '종북'이라는 손가락질이 가해졌습니다. 박근혜 정부 시절 기무사는 세월호 유가족과 대책위를 '종북세(勢)'로 분류하고 안보단체를 동원해 이를 이슈화한 후 유가족들을 감시하는 만행을 저질렀습니다. 집권세력에 의해 자행된 종북공세는 말로 그치지 않았습니다. 박근혜 정부는 통합진보당에 대해 '위헌 정당' 해산 청구를 감행했고 결국 헌법재판소는 통합진보당을 강제 해산했습니다.

'종북'이라는 정치적 배제의 논리는 사실 새로운 것은 아닙니다. 한국전쟁 직후에는 '빨갱이'였고, 1970년대와 80년대에는 '전라도'였습니다. 이들은 역사적으로 소수였고, 결코 상종해서는 안 될 사람이었습니다. 이승만 정권과 군부독재는 자신들이 편리한 대로 소수 집단을 설정하고 이들을 위험한 세력으로 낙인찍었습니다. 빨갱이는 죽여도 좋고, 호남 출신은 대통령이든 무엇이든 중요한 위치에 결코 올라서는 안 된다, 즉 이들을

이석기 옥중수상록

정치의 세계에서 배제해야 한다는 것이 그들의 주장이었습니다. 빨갱이와 호남이라는 배제와 차별의 논리가 힘을 잃은 21세기가 되자 이를 대신한 것이 종북이었던 것이지요.

지배자들이나 주류 정치세력이 누군가를 배제하려 하는 건 오랜 역사를 갖고 있습니다. 프랑스나 영국, 미국의 혁명 이후에도 노동자들이 선거권을 갖기까지는 백년 이상이 걸렸고, 여성이 투표권을 갖는 데는 더 많은 시간이 걸렸습니다. 미국에서 흑인이 온전한 정치적 권리를 갖는 건 그보다 더 오랜 시간이 필요했지요. '재산이 없는 노동자는 정치를 할 수 없는 열등한 존재야', '여성이 무슨!', '흑인이 어떻게 우리와 똑같이...' 같은 말들은 지배세력의 가장 강력한 무기였습니다. 지금도 보수 기독교 단체들은 정치인들에게 "동성애를 지지하느냐"는 질문을 던집니다. 동성애자들에 대한 혐오를 부추기고, 이를 정치에 활용하는 것이지요.

우리 사회에는 이런 혐오와 배제를 극단까지 밀어붙인 '종북 공세'가 있습니다. 분단이라는 구조가 만들어낸 한국 특유의 야만이지요. 박근혜 정부는 이를 권력이라는 차원에서 물리적 폭력을 동반해 실행했습니다. 마치 일제강점기 총독부가 자신에게 저항하는 조선인들을 '불령선인'으로 부르면서 '비(非)국민'으로 간주한 것처럼 말입니다.

다시 민주주의란 무엇이냐는 질문으로 돌아가 봅시다. 나는 어떤 방식으로든 우리 가운데 누군가를 공동체로부터 배제하려는 것에 반대하는 것이 민주주의의 본령 중 하나라고 생각합니다. 희생양을 만들고, 그들과 친하다는 이유로 차별의 범위를 넓히면서, 그들과 가까이해서는 안 된다는 공포를 만들어내 권력을 유지하는 것은 민주주의와 완전히 대척점에 선 행동입니다. 민주주의는 이런 배제의 벽을 무너뜨리고 한 발 한 발 전진해왔습니다. 박근혜 정부는 종북 공세를 통해 민주주의를 역진시키고 끊임없는 공포 정치를 이어가려 했습니다. 하지만 민중은 이를 이겨냈습니다. 2016년 말 광화문을 가득 채웠던 촛불은 박근혜 씨의 민주주의 파괴를 더 이상 허용하지 않겠다는 민중의 단호한 선언이었습니다.

가짜 민주주의의 토양은 분단과 불평등

박근혜씨는 권좌에서 물러났지만 배제와 혐오의 시도는 사라지지 않았습니다. 지금도 보수 야당은 정치적 경쟁자에게 '종북'이라는 딱지를 붙이는 데 주저함이 없습니다. 여기에 난민에 대한 혐오, 중국에 대한 혐오, 여성에 대한 혐오, 노동조합에 대한 혐오가 덧붙여지지요. 이런 혐오는 그 자체로 민주주의를 부식시키고, 특히 정치적으로 활용될 때 매우 위험한 결

이석기 옥중수상록

과를 만들어 냅니다. 우리 사회에서 이런 혐오들은 분단이라는 구조에 뿌리를 내리고 있습니다. 분단 자체를 극복하지 않고서는 우리의 민주주의가 늘 위협에 시달리게 되어 있는 셈입니다.

냉전이 극에 달했던 1950년대, 미국의 조셉 매카시 상원의원은 "미국에서 공산주의자들이 활동하고 있으며 나는 2백여 명의 명단을 갖고 있다"고 주장했습니다. 신문들은 그의 주장을 전혀 검증하지 않은 채 헤드라인으로 다뤘고 의회는 비(非)미국활동위원회를 만들어 공개 청문회를 열었지요. 우리가 지금 알고 있는 것처럼 매카시의 폭로는 완전히 가짜였습니다. 그런데도 로널드 레이건, 월트 디즈니 같은 유명인사들이 여기에 동조했고, 진보적 인사들과 노동조합원 나아가 성적 소수자들까지 모두 매카시즘의 공격 대상이 되었지요.

미국에서의 매카시즘은 역사의 유물이 되었지만 한국에서의 그것은 의연히 유지되고 있습니다. 분단이라는 구조가 실재하니 이를 정치적으로 활용하는 거짓 캠페인이 생명을 이어가는 것입니다.

물론 민주주의의 후퇴가 한국만의 현상은 아닙니다. 트럼프 미국 대통령은 노골적으로 히스패닉에 대한 혐오, 중국에 대한 혐오를 부추깁니다. 그는 멕시코와의 국경에 장벽을 쌓겠다는 황당한 공약을 내세웠고, 실제 국경 일부에 장벽을 설치했습니다. 물론 멕시코와의 엄청난 길이의 국경에 장벽을 세운다는 건 불가능하지요. 그런데도 이런 행동을 계속하는 건 미국 사회 내의 소수자 배제 흐름을 자신의 정치적 동력으로 만들어내기 위해서입니다. 그는 미국민의 지지를 받아 대통령이 되었지만 이건 '가짜 민주주의'지요.

혐오와 배제는 반드시 자신보다 열등하다고 믿는 대상을 필요로 합니다. 이를테면 한국에서 '백인 혐오'나 '남성 혐오'를 정치적 동력으로 삼겠다는 정치인은 없습니다. 대신 '중국 혐오', '북한 혐오', '여성 혐오', '호남 혐오'가 활용됩니다. 미국이나 유럽에서도 비슷하지요. 이민자들이 사회 문제의 뿌리라고 주장하면서 난민을 배제하자는 주장을 내세운 극우파들은 유럽에서도 어엿하게 자리를 잡았습니다. 이런 정치는 당분간 계속될 것입니다.

민주주의 사회에서 이처럼 민주주의의 바탕을 무너뜨리는 시도가 이어지는 이유는 무엇일까요? 트럼프 류의 가짜 민주주의, 혐오 정치가 자라난 건 불평등 때문입니다.

세계적으로는 1980년 이후, 우리 사회로 좁혀보면 1997년 IMF 이후 자본주의는 불평등 문제에 대한 해결 능력을 완전히 잃었습니다. 누구나 열심히 일하면 잘 살 수 있다는 믿음이 없어진 것이지요. 불평등이 지속되면 그 피해자들은 지금 우리가 살고 있는 사회가 자신에게는 아무런 도움이 되지 못하고, 가진 자들에게만 계속해서 유리한 체제라는 인식을 갖게 됩니다. 이런 인식은 최소한 최근 수십 년 간은 명백한 사실이기도 하지요. 이런 불만은 때때로 거대한 대중 행동으로 터져 나옵니다. 2008년 세계금융위기 이후 발생한 '월가를 점령하라(Occupy)' 운동이 대표적이지요. 나는 우리의 촛불혁명의 뿌리에도 심각한 불평등 문제가 자리하고 있다고 생각합니다.

이런 대중행동은 대개 당장의 정권교체로 이어집니다. 하지만 주요한 정치세력들 사이의 정권교체에도 불구하고 문제가 해결되지 않으면 민주주의 자체에 대한 불만으로 발전하게 됩니다. 미국의 경우를 좀 더 살펴봅시다. 2008년 세계금융위기 직후 들어선 오바마 행정부는 그 전의 부시 행정부와 많이 다를 것처럼 보였습니다. 최초의 흑인 대통령, '핵무기 없는 세계'를 내세운 노벨평화상 수상자, 사회운동을 통해 성장했고 대중의 풀뿌리 모금을 통해 선거를 치른 최초의 대통령. 그의 앞에 붙은 수식어는 하나같이 부시 전 대통령과는 극적으로 달랐습니다. 하지만 오바마 행정부 8년 동안 이루어진 일은 거의 없었습니다. 오바마 대통령은 '방 안의 유일한 흑인', 즉 미국의 기득권층과 전혀 다르지 않은 – 그저 피부색만 달랐던 사람이었습니다. 경제위기를 초래했던 거대 금융자본들은 오바마 행정부의 지원 아래서 살아났습니다. 늘 정부의 개입이 없는 자유로운 시장경제를 주창하던 이들 거대자본은 막상 자신들이 위기에 처하자 정부로 달려가 '구제 금융'이라는 이름의 자금 지원을 요청했고, 오바마 행정부는 아무런 대가 없이 이들을 구원해 주었습니다. 경제위기에서 집을 잃고 임금이 줄어든 노동자들은 '구제'받지 못했는데 말이지요. 부시든 오바마든, 공화당이든 민주당이든 민중의 삶에서 보자면 아무런 차이가 없었던 것입니다.

트럼프 대통령이 비집고 들어온 것은 바로 이 지점이었습니다. 트럼프는 미국의 노동자들이 겪고 있는 어려움은 중국의 싼 수출품 때문이고, 라틴아메리카에서 온 히스패닉 노동자들이 일자리를 점령하고 있기 때문이라고 주장했습니다. 물론 이런 주장은 사실이 아니지요. 마치 박근혜 정부의 종북 공세가 사실이 아니었던 것처럼.

우리와 비슷한 형태의 민주주의 체제는 대개 거대한 좌우의 정치세력이 정권을 주고받는 형태가 많습니다. 미국은 공화당과 민주당이 양당체제를 형성했고, 다당제가 일반화된 유럽의 경우엔 보수당과 사민당이 비슷한 정강을 가진 정당들과 연합해 정권을 창출하지요. 문제는 이런 주요 정당들이 1980년대

이석기 옥중수상록

이후 '신자유주의적 합의'에 이르렀다는 점입니다. 상대적으로 진보적인 정당들도 "대안은 없다"는 인식 하에 신자유주의를 받아들였습니다. 미국의 민주당이나 영국의 노동당, 심지어는 유럽 대륙의 사민당들도 그랬습니다. 그 결과 주요 정당들은 불평등에 대해 아무런 해법을 내놓지 않았고, 심지어는 불평등을 어쩔 수 없는 것이라고 치부했습니다. 그 결과 1970년대에 비해 2000년대의 불평등은 매우 심각한 상태에 이르렀습니다.

우리도 비슷하지요. 지금의 보수야당에 비해 상대적으로 진보적 색채를 띠었던 민주당 계열의 정권은 불평등 완화에서 성과를 거두지 못했습니다. 김대중 정부는 IMF의 '외압'과 스스로의 한계로 신자유주의를 도입했고, 노무현 정부는 "권력은 시장에 넘어갔다"고 자조적인 진단을 내놓으면서 반전을 만들어내지 못했습니다. 이명박, 박근혜 정부 9년을 지나 등장한 문재인 정부는 어떻습니까?

노동자 서민의 입장에선 누가 집권을 하든, 그러니까 서구식 민주주의 제도의 가장 중요한 특징이라고 할 여야 간 정권교체에도 불구하고 아무런 변화가 없었던 것입니다. 트럼프는 이렇게 말합니다. 공화당이건 민주당이건 그것이 중요한 것이 아니라, 히스패닉이 문제이고 중국이 문제다. 민주주의 따위는 '개나 주고', 자신을 따르면 살 길이 열린다. 그는 민주주의의 본령이라고 할 모든 이들이 평등하게 정치에 참여하고 사회 안에서 공존할 권리를 이제 노골적으로 부인한 것이지요.

우리는 어떻습니까? 지금 보수야당은 '내부의 적'을 만들어 내기 위해 동분서주합니다. 경제가 어려운 것은 문재인 정부가 북한에 퍼주고 있기 때문이고, 중국의 눈치를 보면서 중국의 이익을 지켜주고 있기 때문이고, 여성과 소수자의 인권에만 신경을 쓰면서 노동조합에 소속된 '귀족노동자'만을 챙기기 때문이라는 게 이들의 주장이지요. 혐오와 차별을 내세운 이런 정치는 명백히 민주주의 그 자체를 위협하는 행동입니다.

우리는 모두 민주주의자의 꿈을 갖고 있습니다. 자유롭고 평등하게 공동체의 모든 구성원들과 공존하고 연대함으로써 우리는 민주주의자로 살아갑니다. 하지만 지금과 같은 분단과 불평등이 지속되고 강화되면 민주주의는 점차 부식될 것입니다. 민주적 제도에 따라 여당과 야당이 바뀌는 정권교체를 수차례 경험하면서도 아무런 변화를 느낄 수 없다면 그런 민주주의가 무슨 의미가 있겠습니까? 극우적 정치세력들은 이런 불만에 올라타 사회를 분열시키고 배제와 차별을 통해 자신들의 정치적 이익을 추구합니다. 이들에게 민주주의적 원칙은 애초부터 고려할 대상이 아닙니다. 그러니 우리가 민주주의자이려면 선거에 의한 정권교체를 넘어선 근본적 변화를 일으켜야 합니다.

  분단과 불평등에 정면으로 대결하는 정치가 없다면 민주주의는 결국 무너질 것입니다. '다수(demos)를 위한 정치', '민중을 위한 정치', '통일을 지향하는 정치'만이 민주주의를 구원할 수 있다는 의미이지요. 이는 현재와 같은 본질적으론 매우 유사한 두 개의 주요정당이 정치를 주도하는 양당체제를 벗어날 것을 요구합니다. 분단과 불평등에 맞서는 새로운 민주주의. 이것이 2016년 겨울, 광화문을 가득 메웠던 촛불의 진정한 의미라고 나는 믿습니다.

거대 양당체제를
벗어나려면

1987년 이후 한국정치에서는 군사독재의 맥을 잇는 보수정당과 민주화운동을 통해 '재야'에서 제도권으로 들어온 민주당 계열의 정당이 번갈아 정권을 담당했습니다. 박정희의 공화당에서 전두환의 민정당, 노태우가 주도한 3당 합당으로 탄생한 민자당, 그리고 민자당의 후보로 대통령에 당선된 김영삼 전 대통령이 만든 신한국당, 이를 이은 한나라당-새누리당-자유한국당 그리고 지금의 미래통합당-국민의힘이 보수정당의 계보이지요. 너무 당명이 자주 바뀌었으니 여기서는 그냥 '보수파'로 하겠습니다.

지금의 민주당은 1987년 이전엔 제도권 정치세력이 아닌 '재야(在野)'로 불렸습니다. 이 세력의 지도자였던 김영삼, 김대중은 전두환의 쿠데타 이후 정치활동이 금지되어 있었고 6월 민주항쟁이 지나서야 다시금 공식적으로 정계에 진출할 수 있었습니다. 물론 이 기간 중에도 양김씨의 힘은 상당했지요. 이 세력 역시 평화민주당, 새정치국민회의, 대통합민주신당, 열린우리당 등 다양한 이름을 사용했지만 대체로 민주당이라는 이름을 가장 자주 사용했습니다. 편의상 '민주파'라고 부르기로 합니다.

김대중 전 대통령이 최초의 여야 간 정권교체를 실현하기 전까지 한국정치는 글자그대로 '민주 대 반민주'의 구도로 전개되었습니다. 군사 쿠데타로 정권을 잡은 박정희, 전두환, 노태우 정권은 물론이고, 1990년 노태우 정권과의 3당 야합을 통해 다음 대통령이 된 김영삼 전 대통령 역시 권위주의적 통치 방식을 고집했습니다. 오랜 군사독재로 인해 재벌이나 고급 관료, 사법부에 이르기까지 기득권층의 대다수는 독재에 협력하는 사람들로 채워졌지요. 김영삼 전 대통령의 경우처럼 독재에 대해 거부감을 가졌던 사람들도 출세나 치부를 위해 독재와 야합하는 기회주의를 벗어나지 못했습니다.

이 시대에는 모든 '다른 목소리'가 반체제적인 것으로 간주되었습니다. 공해를 반대하는 운동도 빨갱이, 노동조합을 만들면 좌익, 쌀값 보장을 주장해도 간첩, 평화통일을 주장하면 친북이 되었던 것이지요. 민주주의는 그러니까 독재자와 그에 부역하는 세력을 제외한 모든 사람들이 함께 든 공동의 깃발이었습니다.

독재자들은 1987년 이전엔 아예 자유로운 선거를 인정하지 않았습니다. 이른바 '체육관 선거'를 통해 대통령이 된 전두환 씨는 유력한 민주파 지도자였던 김대중과 김영삼의 정치활동을 금지하고 자신들의 입맛에 맞는 유약한 야당만 선거에 출마할 수 있도록 허용했습니다. 이 시대의 야당은 그래서 '관제 야당'이라고 불렸지요. 이들은 1987년 민주항쟁에 떠밀려 대통령 직선제를 허용했는데, 이때 등장한 것이 이른바 지역감정입니다. 대구경북 지역 출신인 전두환, 노태우는 특히 호남을 고립시키면서 정권을 이어가고자 했습니다. 1987년 선거에서 김대중(호남)과 김영삼(부산경남)은 각각 출마했고, 노태우는 불과 36.6%의 지지를 얻고도 당선이 되었습니다. 그렇다고 이 선거가 공정하게 치러진 것도 아닙니다. 군사독재 세력은 곳곳에서 선거 부정을 저질렀고, 무엇보다 어마어마한 돈을 동원해 유권자들을 매수했지요.

노태우의 뒤를 이어 대통령이 된 김영삼 정부도 지역주의와 돈, 관권선거로부터 자유롭지 않습니다. 김 전 대통령이 후보로 나섰던 1992년 대선에서 당시 법무부장관이었던 김기춘은 부산시장, 부산경찰청장, 안기부 부산지부장, 부산 교육감, 부산지방검찰청장, 부산상공회의소장 등을 음식점에 불러 모아 "부산 경남 사람들 이번에 김대중이, 정주영이 어쩌냐 하면 영도다리 빠져 죽자", "민간에서 지역감정을 부추겨야 돼" 같은 말을 주고받았습니다. 그러고도 처벌을 면했지요. 김기춘은 유신 시절 유신헌법 초안을 만든 공안 검사였는데, 이 사건으로 처벌을 받기는커녕 그 이후 국회의원이 됐고 노무현 정부 시절이던 2004년엔 노무현 대통령 탄핵에 가담했고, 박근혜 정부에 들어서서는 청와대 비서실장을 지냈습니다. 이처럼 독재는 질긴 생명력을 이어 왔습니다.

보수파의 가장 큰 무기는 결국 폭력이었습니다. 군, 경찰, 검찰, 안기부(지금의 국정원)와 같은 국가기구들은 독점적인 폭력을 행사합니다. 독재자들은 아무런 정당성 없이 이들 폭력기구들을 자신들의 '사병'처럼 운용했습니다. 1980년 광주에서의 학살이나 한 해 전의 부마항쟁, 1980~90년대 내내 거리에서 저질러진 경찰 폭력은 정권을 유지하는 데서 가장 중요한 수단이었지요. 검찰 역시 자의적인 권력 행사를 통해 정권을 뒷받침했습니다. 이런 국가 폭력은 국가보안법, 집회 및 시위에 관한 법률 등 반민주악법을 근거로 자행됐습니다.

독재에 맞서는 이들은 압도적인 폭력과 금권에 맞서기 위해 커다란 연합을 이뤘습니다. 박정희 정부 시절부터 야당을 해온 상도동계(김영삼)와 동교동계(김대중)가 한 축이었고, 학생운동과 노동운동, 농민운동 등 진보적 대중운동이 다른 한 축이었습니다. 환경운동, 여성운동은 물론 다양한 이슈를 다루는 풀뿌리 운동과 진보적 지식인들이 이 연합에 참여했고, 지역적으로는 광주의 한을 가슴에 품은 호남의 민중들과 엘리트들이 든든한 후원자 역할을 맡았습니다. 이들은 군사독재 시절 같이 싸웠고 1997년의 정권교체 시기까지는 대체로 행동을 같이 했지요.

민주파의 분화

모든 운동은 자신이 내세웠던 과제를 해결하면 새로운 변화를 겪기 마련입니다. 군부독재 종식이라는 목표를 달성하면서 민주파 역시 분화되고 변화하기 시작합니다. 1997년 이후 민주파가 집권한 정부는 보수정부에 비해 국가 폭력을 자제하고, 인권과 민주적 절차를 중시했습니다. 이는 결코 작은 변화가 아니지요. 하지만 민주정부는 집권과 동시에 기득권층과의 타협을 피하지 못했습니다.

김대중 정부는 IMF라는 거대한 벽에 부딪혔습니다. 1997년 닥쳐온 외환위기는 해외 금융자본의 입장에서는 한국 시장을 전변시킬 좋은 기회였습니다. 클린턴 당시 미 행정부의 힘을 등에 업은 IMF는 금융시장 관행은 물론, 공공 부문 축소나 노동관계법 개정 같은 노골적인 내정 간섭을 벌였습니다. 달러가 급했던 김대중 정부는 IMF가 제시한 신자유주의적 정책을 모두 받아들였습니다. 이런 추세는 노무현 정부에서도 이어져 한미FTA 체결까지 이어졌지요.

김대중-노무현 정부가 오직 외압 때문에 이런 정책을 받아들인 건 아닙니다. 집권세력으로서의 '책임감'이라는 명분 아래 민주파와 재벌의 타협, 민주파와 고위 관료의 타협은 일상화되었지요. 2002년 노무현 정부는 미군 장갑차에 희생된 두 여중생의 죽음을 추모하는 촛불시위와 노사모와 같은 대대적인 아래로부터의 운동에 힘입어 당선되었지만, 다른 한편으로는 삼성으로 대표되는 재벌 세력의 정책제안을 그대로 받아들였습니다. 마치 미국 민주당이 1990년대에 그랬던 것처럼 집권한 민주파는 신자유주의에 저항하는 것이 불가능하다고 판단했던 것 같습니다. 이른바 '대안은 없다(TINA : There is No Alternative)'라는 세계 지식사회의 분위기는 한국에서 특히 맹위를 떨쳤습니다.

제도정치권의 민주파와 손을 잡았던 사회운동도 2000년 민주노동당을 출범시키면서 독자적인 정치세력화를 시도했습니다. 민주노동당은 1980년대와 90년대의 민중운동, 사회운동의 결집을 통해 출범했고 2004년엔 국회에 진출했습니다. 민주노동당은 특히 민주노총 소속 노동자들과 전국농민회총연맹의 조직적인 지지를 기반으로 했습니다. 기존 정당과는 계급적 기반이 다른, 그러니까 '출신성분'이 다른 정치세력이 탄생한 것이지요. 하지만 민주노동당은 2008년과 2012년 두 차례의 분열을 겪으면서 자신의 가장 중요한 특징이었던 계급계층조직과의 공식적인 연계를 잃어버렸고, 박근혜 정부의 집요한 공격으로 커다란 피해를 입었습니다. 그 결과 아직까지 제도정치권 내에서 유의미한 행위자가 되는 데는 실패했지요.

이 시기에 또 하나 눈여겨보아야 할 것은 새로운 유권자 집단이 등장했다는 점입니다. 흔히 '친노', '친문'이라고 불리는 이들 유권자 집단은 2002년 대선 시기 노무현 대통령 후보의 지지자 그룹으로 등장했습니다. 특정 정치인에 대한 팬덤처럼 여겨졌던 이들은 그 이후에도 꾸준하게 유지되었고, 민주당의 당내 정치에서도 독특한 위상을 차지했습니다. 이들은 1997년 이전의 민주파에서 주요한 역할을 담당했던 호남 지역 출신도 아니고, 사회운동가들이 주축을 이룬 것도 아니며, 기성 정치인들이 조직해 낸 지지자들도 아닙니다. 이들은 문화적으로 자유주의적 경향이 강하지만, 경제정책에서는 일관된 목소리를 내지는 않았습니다. 노동운동이나 생태운동 등 다양한 사회운동에 대해서는 우호적인 태도를 보이는 경우가 많았지요. 아래에서부터 특정 정치인들을 밀어 올리는 대신 인터넷이나 SNS를 통해 집단적으로 행동해왔습니다. 어떤 의미에서는 새로운 정치현상이라고 불러도 좋을 것 같습니다.

이처럼 1997년 이후 민주파는 변화와 분화, 새로운 세력의 등장을 겪어왔지만 제도권 정치에서는 역시 민주당이 중심적 역할을 하고 있지요. 2012년과 2017년 대선에서 민주당의 후보가 민주파의 대표가 된 것도 같은 이유일 것입니다. 2016년의 촛불혁명을 국회에서의 대통령 탄핵으로 이어간 것도 민주당이었습니다.

문제는 민주당이 여야 사이의 정권교체를 만들어 낼 뿐, 진정한 의미에서의 사회 변화를 만들지 못했다는 데 있습니다.

민주당에는 이른바 '386'이라고 불리는 학생운동 출신 인사들이 꽤 많이 있습니다. 이들은 청년기에 그야말로 목숨을 걸고 싸웠고 민주주의가 뿌리내리는 데서 큰 기여를 했습니다. 하지만 이들이 과거에 큰 기여를 했다고 해서 지금도 여전히 진보적인 역할을 할 것이라고 기대할 수는 없습니다. 세상이 변화하는 것처럼 사람도 변화합니다. 중요한 것은 그 사람의 과거가 아니라 현재의 생각과 행동이지요.

민주당에 진출한 386세대는 다른 정치인들에 비해 비교적 젊은 나이에 자리를 잡았습니다. 개개인들이 뛰어난 자질과 역량을 가진 것도 이유겠지만, 전후의 베이비붐 세대로 앞선 세대의 공백을 메우는 위치에 있었다는 우연도 작용했습니다. 이들은 민주주의에 대해서는 확고한 신념이 있지만 다른 문제들, 이를테면 사회경제적 문제들에 대해서는 일관된 입장을 보여주지 않았고, 무엇보다 민중과의 연계나 교류가 적었습니다. 실제 사회의 기반을 이루고 있는 사람들의 처지와 생각에 대해 잘 알지 못하게 된 것이지요. 보수언론에서는 이들을 '좌파'라고 부르지만 실제로는 미국 민주당을 지칭하는 '리버럴'에 더 가까울 것입니다.

1997년 이전의 보수파와 민주파는 매우 커다란 차이가 있었습니다. 보수파는 민주파를 폭력적으로 제압하려 했고, 민주파는 이에 맞서서 커다란 연합전선을 펼쳤습니다. 1997년의 정권교체 이후 20년이 흐른 지금 보수파와 민주파의 차이는 상당히 줄어들었습니다. 박근혜 정권처럼 극단적인 경우가 아니라면 보수파와 민주파는 '협치'를 거론할 수 있는 정도의 차이만 남았습니다.

거대한 두 정치세력의 차이가 옅어진다는 것은 사실상 정치가 '사라진다'는 것을 의미합니다. 정치는 가치의 권위적 배분, 쉽게 말해 무엇이 더 중요하고 우선적인가를 놓고 갈등하고 충돌하는 것인데, 실제 정치를 담당하고 있는 주요 세력이 더 이상 갈등하지 않게 된 것이지요. 물론 이 두 세력은 여전히 치열하게 공방을 주고받습니다. 선거 때는 물론이고, 일상적으로도 충돌합니다. 하지만 두 세력 모두 진정한 의미에서 사회를 변화시키거나 변화를 위해 노력하고 있다고 볼 사람은 많지 않을 것입니다. 이런 현실은 조국 전 법무부장관 임명에서 확연히 드러났습니다. 당시 야당은 조 전 장관의 임명을 결사적으로 반대했는데, 그 명분으로 내건 것은 조 전 장관이 자녀 교육에서 반칙을 했다는 것이었습니다. 야당의 주요 인사들이나,

그들이 집권 당시 내놓았던 장관 후보자들이 조 전 장관보다 결코 낫다고 할 수 없는 데도 말입니다. 여당 역시 조 전 장관의 주변에서 일어난 문제들을 오로지 '방어'하는 데만 집중했습니다. 결국 두 당의 갈등은 아무런 진보적 의미가 없는 것이었습니다. 이 갈등에 검찰이 개입한 것은 그 자체로 잘못된 일이었지만 이를 별론으로 한다면 여야 사이에 벌어진 쟁투라는 건 그저 하나마나한 이야기들의 반복이었지요. 특히 청년들이 이 논란에 냉소적 반응을 보인 것은 당연한 일이었습니다.

이처럼 거대 여야는 상대방의 실수나 약점을 공격하는 것으로 자신들의 입지를 높여보려고 합니다. 이런 정쟁을 제외하면 선명한 정책 차이는 거의 없고, 있더라도 관료집단과의 타협을 통해 유야무야됩니다. 그 결과 국회에서 거의 모든 법안은 여야 합의로 통과됩니다. 여야 합의가 이루어지지 않는 경우는 다른 현안들, 그러니까 정쟁에 속하는 일에 영향을 받는 경우지요. 이처럼 여야가 실제 행동에서 중시하는 것은 자신들이 대표하는 이들의 이익을 대변하는 것이 아니라 국민통합이라는 명분을 내세운 조정과 타협입니다. 이렇게 진정한 의미에서의 정치가 사라진 자리에는 신자유주의적 합의만 남습니다.

거대 여야 정당 사이에서는 정치가 사라졌지만 정치가 해결해야 할 문제들은 계속해서 새롭게 등장합니다. 2000년대 들어 극단화하고 있는 불평등 문제가 그렇고, 전지구적 과제로 대두된 기후위기 문제가 그렇고, 오랫동안 2등 국민으로 취급되어 온 여성을 비롯한 소수자의 문제가 그렇습니다. 이런 문제들은 과거의 '민주 대 반민주'라는 갈등 속에서는 진지하게 다루어지지 않았고, 지금의 거대 여야는 보수적인 방향에서건 진보적인 방향에서건 이 문제를 다룰 의지가 없습니다. 그렇다면 남은 것은 문제의 당사자들이 직접 정치의 주인으로 나서는 것이지요.

민중과 강력히 결합한 진보정당

거대 양당정치를 극복하는 과제는 우리 사회에서는 진보정당이 맡을 수밖에 없습니다. 하지만 이는 진보정당 소속의 정치인들만으로는 이룰 수 없는 일입니다. 무엇보다 진보정당은 이 사회의 감추어진 갈등과 적대를 드러내야 하는데 그러자면 실제 문제의 당사자들과 이들과 함께하는 활동가들이 반드시 필요하기 때문이지요.

비정규직 노동자의 문제로 예를 들어보겠습니다. 우리 사회가 비정규직 문제의 심각성을 인지한 것은 오래되었습니다. 이미 노무현 정부에서 비정규직 관련법이 제정되었을 정도니까요. 하지만 비정규직 노동자들이 스스로를 드러내지 못하는 한, 다시 말해 이들이 노동조합을 조직하고 스스로의 요구사항을 실현해 나가지 않는 한, 문제는 해결될 수 없습니다. 노무현 정부에서 만들어진 비정규직'보호법'이 비정규직을 합법화하는 결과를 빚은 것만 봐도 그렇지요. 반면 최근 들어 활발하게 등장하고 성장하는 비정규직 노동조합을 보면 비정규직의 처지 개선은 물론이고 진보정당의 토대를 형성하는 데로 나아가고 있습니다. 이런 활동이 충분히 누적되고 이를 정치적으로 묶어세울 때 진보정당은 힘을 받을 수 있습니다.

이런 문제들은 곳곳에 있습니다. 문재인 정부는 집값 폭등을 막겠다는 목적으로 여러 차례 부동산 정책을 발표했습니다. 하지만 그 결과는 이렇다 할 것이 없지요. 잠시 폭등세를 멈출 뿐 '부동산 불패'는 이어지고 있습니다. 나는 이렇게 된 가장 중요한 원인을 문재인 정부의 의지 부족에서 찾지 않습니다. 앞서 이야기한 것처럼 지금의 거대 여야는 이런 문제들에서 사실상 큰 차이가 없기 때문입니다. 주거 문제를 해결하자면 지금과 같은 집값으로는 도저히 살 수 없는 이들이 근본적인 전환을 주도해야 합니다. 지금처럼 토지와 주택을 개인의 소유로 하고 재테크의 수단으로 삼는 것을 중단시키고, 토지공개념에 기초해 주거가 국민 모두의 권리임을 분명히 해야 합니다. 진보정당이 자리해야 할 곳이 이런 곳이지요.

기후 위기도 마찬가지입니다. 지금 여야의 정치인들에게 기후 위기를 인정하느냐고 질문한다면 대다수는 공감을 표시할 것입니다. 하지만 이를 돌려세우기 위한 강력한 정책은 결코 나오지 않습니다. 기후 위기를 무시함으로써 이윤을 얻는 기업들이 있고, 이들이 강력한 로비를 통해 전향적 정책들을 저지하고 있기 때문이지요. 정치인들의 선의는 이 난관을 넘어서지 못합니다. 기후 위기에 대한 대응은 청년들 속에서 나올 것입니다. 청년들은 지금의 기업들이 망쳐놓을 환경 위기를 앞으로 수십 년간 살아가면서 감내해야 할 사람들입니다.

진보정당은 우리 사회의 진정한 문제를 드러내야 하고, 이를 위해서는 민중을 투표권을 가진 사람이 아니라 목소리를 가진 사람으로 인정해야 합니다. 캠페인을 통해 더 많은 인기를 얻는 것은 필요한 일이긴 하지만 가장 중요한 일은 아닙니다. 좋은 정책, 진보적인 정책에 앞서서 '그것이 누구의 목소리인지'를 분명히 해야 한다는 것이지요. 민중과 강력히 결합한 진보정당은 변질되지 않습니다.

진보정당의 형성과 성장은 기득권을 가진 양대 거대 정당의 견제와 질시, 노골적인 공세를 겪게 됩니다. 2012년 통합진보당의 경험이 그렇고, 미국의 '사회주의자' 후보인 샌더스의 경험도 그렇습니다. 이를 극복하는 힘도 결국 진보정당이 발 딛고 있는 기반에서 나올 것입니다.

민중 자신의 운동이 성장하지 않으면 진보정당의 집권은 불가능합니다. 문재인 정부 들어서 노동조합 조직률이 조금 늘어난 것이 겨우 12% 정도입니다. 이런 상황에서는 진보정당의 국회 의석이 늘어난다고 해도 거대 양당체제의 '소금'과 '빛'을 벗어나지 못할 것입니다. 노동조합이든 농민회든 협동조합이든 대중 자신의 목소리를 드러낼 조직의 성장 없이는 안 된다는 것이지요. 여성으로서 자신들의 목소리를 내어야 한다고 느끼는 사람 역시 진보운동, 진보정당의 한 축을 차지해야 합니다. 신분의 세습에 저항하는 청년들이나 대기업의 횡포에 시달리는 자영업자들도 마찬가지입니다. 이런 목소리들은 하나하나 소중하며 모두가 사회 진보의 중요한 계기가 될 수 있습니다. 그리고 진보정당은 이들 모두에게 유용한 정치적 무기가 되어야 합니다.

이석기 옥중수상록

흔들리는
동북아에서의
전후 체제

바다에서 일을 하는 사람들은 태풍이 지나고 나면 '바다가 뒤집어진다'고 합니다. 거센 바람이 바다 속을 흔들어 위아래를 섞어놓는다는 것이지요. 이렇게 되면 수심이 깊은 바다에 살던 고기들이 수면에 가깝게 올라오고 한결 잘 잡힌다고 합니다. 사람의 삶에서도 이런 태풍이 있고, 민족의 역사에도 태풍이 있습니다. 나는 요즘 한반도를 둘러싸고 벌어지고 있는 일을 하나의 태풍이라고 보고 있습니다. 그 동안 우리가 태어나서 살아온 것과는 다른 환경이 만들어지고 있다는 것이지요. 이렇게 큰 변화가 한 번 닥쳐오고 나면 짧게는 몇 십 년, 길게는 백 년의 '지형'이 결정됩니다. 한반도를 둘러싼 지정학이 지금 바뀌고 있습니다.

구한말, 해방 그리고 지금

과거에 우리가 겪었던 태풍을 돌아봅시다. 흔히 구한말이라고 부르는 19세기 후반부터 20세기 초반까지, 우리 민족은 주변 열강의 틈바구니에서 이렇다 할 키를 잡지 못하고 결국 일본 제국주의의 식민지로 굴러 떨어졌습니다. 그때 지배세력들은 청나라의 힘을 빌리려고도 했고, 러시아의 품 안으로 들어가려고도 했지요. 그리고 근대화라는 명분을 내세워 일본을 추종한 무리들은 우리나라를 일본에 팔아먹었지요. 당시의 왕조는 1876년 강화도조약을 체결한 이후 1895년엔 을미사변을, 1896년엔 아관파천을, 1905년엔 을사늑약을, 1906년엔 통감부 설치를, 1910년엔 한일병탄을 만들어냈습니다.

반면 우리 스스로의 힘으로 새로운 세상을 만들자고 봉기했던 동학농민들은 결국 좌절했지만 조선의 민중들은 의병운동을 시작했고, 만민공동회 운동, 국채보상운동을 벌였습니다. 안중근 의사는 1909년 이토 히로부미를 사살함으로써 우리 민족이 결코 죽지 않았음을 알렸지요. 하지만 그로부터 백년이 지난 지금까지 '친일청산'의 목소리가 나올 정도로 이 시기의 태풍은 길고도 깊은 흔적을 남겼습니다.

그 전까지 우리나라에 가장 큰 영향을 끼친 건 중국이었습니다. 중국 대륙을 한족의 명나라가 장악하느냐, 혹은 변방의 민족인 만주족의 청나라가 장악하느냐가 우리에게 아주 심각한 일이었을 정도니까요. 조선 중기를 지나면서 일본이 하나의 세력으로 등장했고, 19세기 후반에는 유럽의 상대적 후진국이었던 러시아가 동아시아로 진출했습니다. 이들이 청일전쟁과 러일전쟁을 벌여 그 승자였던 일본이 이 땅을 식민지로 경영했습니다. 극소수의 친일 부역자들을 뺀 평범한 이들에게 그로부터 36년 간의 일제 식민지배는 그야말로 악몽이었습니다.

일본이 패망했던 1945년 전후도 커다란 태풍이 일었던 때입

74   이석기 옥중수상록

니다. 1941년 진주만 습격부터 1945년 패전까지 일본은 미국과 전쟁을 치렀습니다. 일본은 미국이 러일전쟁에서의 러시아처럼 크게 한 방 먹이면 물러서서 타협을 할 것이라고 생각했던 것 같아요. 태평양을 건너야 하는 머나먼 동아시아에 대해 큰 욕심이 없을 것이라고 본 것입니다. 하지만 미국은 고립주의를 주장하던 때에서 이미 벗어나 세계의 초강대국이 되어 있었습니다. 남북 아메리카를 장악하는 걸로는 성에 차지 않았지요. 미국은 일본에 핵무기를 두 발 투하해 수십만의 민간인을 학살할 정도로 잔인하게 전쟁을 치렀지만, 그렇다고 해서 일본을 끝까지 적으로 돌릴 생각은 없었습니다. 중국이라는 아시아 대륙의 대국을 견제하고 태평양을 자신들의 바다로 만드는 데서 일본을 지렛대로 쓰고 싶었던 것이지요. 일본에 군정을 차린 맥아더 군부는 천황제를 온존시켜 주는 대신 일본을 미국의 하위 동맹국으로 삼았습니다. 유럽에서 영국이 하는 역할을 아시아에서는 일본에게 맡긴 셈입니다. 천황을 비롯한 일본의 지배계급들은 미국에 고개를 숙임으로써 자신들의 지위를 유지했고, 일본의 평범한 민초들은 지긋지긋한 전쟁을 더 이상 하지 않겠다고 선언한 평화헌법을 받아들이면서 이 체제에 동의하게 되었습니다.

같은 시기에 중국에서는 장제스의 국민당과 마오쩌둥의 공산당이 내전을 벌였고 중국공산당이 승리함으로써 현재의 중화인민공화국이 탄생합니다. 미국은 끝까지 장제스를 지지했지만 대륙의 공산화를 막지 못했습니다. 공교롭게도 중국의 내전이 끝나자마자 벌어진 한국전쟁은 38도선을 휴전선으로 바꾸는 결과로 끝났습니다. 그 전쟁의 참혹함에 대해서는 다시 거론할 필요가 없겠지요.

이 땅에서 벌어진 전쟁이 어떤 성격을 갖고 있는지에 대해선 다양한 견해가 있습니다. 남쪽에 살고 있는 사람과 북쪽에 살고 있는 사람들의 생각은 특히 많이 다를 것입니다. 하지만 지정학이라는 관점에서 보면 미국과 일본을 중심으로 한 해양세력과 중국, 소련 등 사회주의 성향의 대륙세력은 이 전쟁에서 승부를 가리지 못했다고 봐야겠지요. 우리 민족의 분단도 이 전쟁의 결과로 굳어지고 말았습니다.

2차 대전과 중국 내전, 한국전쟁이라는 태풍이 지나간 동아시아에서는 미국의 절대적 우위가 형성되었습니다. 아시아에 대한 관심이 약했던 소련과 저개발국이었던 중국은 이런 구도를 뒤집지 못했지요. 미국은 한국과 일본에 미군을 주둔시키고 오키나와와 대만, 필리핀으로 이어지는 바다의 패자가 되었습니다.

탈냉전과 미국의 독주

음지가 양지되고, 양지가 음지된다는 말이 있지요. 고정불변한 것은 없으며, 우리를 둘러싼 지정학도 마찬가지입니다. 20세기 중반에 생겨난 동아시아의 정치 지형 역시 고정불변할 수는 없는 법입니다. 아마도 두 가지 사건을 먼저 떠올려야 할 것입니다. 하나는 1970년대 초반의 미중 수교이고, 또 하나는 1980년대 말에 발생한 탈냉전입니다.

1972년 미국의 닉슨 대통령은 중국을 방문해 마오쩌둥 주석을 만납니다. 냉전이 극에 달했던 시기에 이뤄진 일이니 그야말로 드라마틱했지요. 더구나 닉슨은 자타가 공인하는 강경한 반공주의자였습니다. 이 사건의 배경에는 두 가지가 있습니다. 하나는 중국이 핵무기를 개발해 핵보유국이 되었다는 점과, 중국과 소련이 이념적으로 또 국가적으로 불화를 겪었다는 점입니다. 미국은 중국의 변화된 지위를 인정하면서 동시에 중국을 끌어들여 소련을 견제하려 했겠지요. 중국은 이 과정에서 유엔 안보리 상임이사국의 지위를 차지했고, 국제사회에서 유력한 주체로 등장했지만 그렇다고 해서 동아시아의 판세를 뒤집지는 못했습니다. 마치 지금의 영국이나 프랑스가 안보리 이사국이지만 독자적 권한이 거의 없는 것과 다를 바가 없습니다. 마오쩌둥의 뒤를 이어 중국의 최고지도자가 된 덩샤오핑은 '도광

양회(韜光養晦)'라는 말로 중국의 대외정책을 설명했습니다. 도광양회란 '칼 빛을 감추고 힘을 기르라'는 것이니 중국과 미국의 관계가 어떠했을 것인지는 충분히 짐작할 수 있을 것입니다. 그 이후 중국은 세계 시장에 접근하면서 상당한 수준의 경제성장을 거듭했습니다. 미국 역시 이 국제분업 체제에서 이익을 보았지요.

또 하나 기억할 사건은 1980년대 말의 탈냉전입니다. 냉전을 벗어났다고는 하지만, 이것이 미국과 소련의 화해에서 만들어진 것은 아닙니다. 결과로 보면 미국 혹은 자본주의 진영의 완승이라고 불러도 좋을 정도니까요. 이 변화의 출발은 소련이었습니다. 소련의 미하일 고르바초프 공산당 서기장은 냉전 시대 반복되었던 핵무기 경쟁이 결국 인류를 파멸의 길로 인도할 것이라는 우려를 가졌습니다. 이것은 매우 옳고 진보적인 입장이었지요. 고르바초프는 레이건 미국 대통령과 군축 협상을 성사시켰고, 국내적으로는 개혁을 추진했습니다. 유럽에서는 서독과 동독의 통일을 지지했구요. 하지만 소련은 개혁이 가져온 혼란을 이겨내지 못하고 결국 사회주의를 포기하고 자본주의의 길로 갑니다. 탈냉전과 사회주의권의 몰락은 "역사는 끝났다"는 선언을 만들어낼 정도로 충격적이었습니다. 프랜시스 후쿠야마라는 미국 정치학자는 더 이상 인간에 의해 인위적으로 추진되는 진보는 없을 것이라는 그야말로 오만한 의미로 이 표현을 사용했습니다. 한 시대를 살아가는 제한적 존재인 인간이 이런 표현을 어떻게 쓸 수 있겠습니까? 후쿠야마는 이후에 이 선언을 취소하지만, 최소한 1980년대 말 세계의 지적 지형은 이런 말에도 아무 반박을 하지 못할 정도로 일방적이었습니다. 어찌되었건 자본주의는 승리한 것처럼 보였고, 미국은 누구도 대항할 수 없는 '유일한' 초강대국이 되었으니까요. 동아시아에서 2차 대전 이후 형성된 미국 우위의 지정학은 영구한 것처럼 보였습니다.

내가 지금까지 돌아본 시대는 불과 30년 정도 전입니다. 한 사람의 인생을 놓고 보자면 긴 시간이지만, 민족의 역사 혹은 인류의 역사에서는 눈 깜박할 사이지요. 나는 앞에서 지금 또 하나의 태풍이 불고 있다고 했는데, 불과 30년도 지나지 않아 그렇게 공고해보였던 우리 주변의 지정학이 다시 흔들리고 있습니다. 2차 대전 이후의 지형이 강화되는 쪽이 아니라, 아예 바뀔 수도 있는 쪽으로 말입니다.

금융자본주의의 위기와 중국의 부상

변화는 곳곳에서 일어납니다. 가장 큰 변화는 미국에서 벌어지고 있지요. 트럼프 정부의 좌충우돌식 정책을 말하는 것이 아닙니다. 미국으로 대표되는 자본주의 그 자체가 도전에 직면해 있습니다. 나는 지금 2008년 세계금융위기를 말하려 합니다. 1980년대 말의 분위기라면 자본주의는 영원해야 했습니다. 하지만 2008년 자본주의의 본산이라고 할 미국에서 발생한 경제위기는 이런 낙관에 근본적인 의문을 제기했습니다. 세계의 모든 사람들이 잘 되고 있다고 생각했던 그 시스템이 스스로 붕괴한 것입니다. 수많은 사람들이 집에서 쫓겨나고 회사에서 쫓겨나고 급여 삭감을 강제받았습니다. 왜 이렇게 되었는지에 대한 설명은 알아듣기 힘들었지요. 미국의 청년들이 월스트리트를 점거하고 '점령하라(Occupy)'운동을 벌인 건 위기의 책임을 물었던 것입니다. 그 후 10년 동안 각 나라의 정부와 금융회사들은 오직 위기가 파국으로 가지 않게 하기 위해 총력을 다했습니다. 양적완화니 마이너스 금리니 하는 듣도 보도 못한 정책을 쓰면서 말이지요. 그런다고 지금의 자본주의가 위기에서 벗어난 것으로 보이지는 않습니다. 다만 지연되고 있을 뿐이지요.

자본주의는 주기적으로 위기에 처합니다. 불황, 공황, 위기, 침체라는 말은 잊을 만하면 다시 등장하지요. 우리가 기억하는 1997년의 IMF 위기나 2008년 국제금융위기는 물론이고, 세계적으로도 1870년대의 대불황, 1930년대의 대공황, 1970년

이석기 옥중수상록

대의 장기불황 같은 어두운 그림자가 자본주의의 역사에는 드리워져 있습니다. 이런 위기 상황에서의 탈출은 경제적인 수단으로만 가능하지 않고 정치, 특히 군사적인 수단에 크게 의존합니다. 2차 대전이 1930년대 대공황의 탈출로가 된 것이나 1970년대의 불황을 벗어나기 위해 신자유주의라고 불리는 강경한 '노동 쥐어짜기'가 시작된 것도 그래서지요. 미국의 입장에서 보자면 다른 나라들에게 위기를 떠넘기는 것도 중요합니다. 이를테면 1985년 플라자 합의는 미국의 정부 부채와 무역 적자를 일본에 떠넘긴 것이었습니다. 일본의 '헤이세이 불황'과 '잃어버린 20년'은 그 결과였고요. 문제는 지금의 미국이 이런 '위기 떠넘기기'를 하기엔 뭔가 힘이 부족한 상태라는 데 있습니다. 중국과의 무역 분쟁이 중국의 굴복으로 끝나지 않는 것만 봐도 그렇지요.

미국이, 그리고 미국이 주도한 신자유주의의 권위가 2008년 금융위기로 흔들리고 있을 때 중국은 고도성장을 거듭했습니다. 지금에야 미국과 중국을 두 강대국인 G2로 표현하지만 사실 이런 용어는 10년 전만해도 낯선 말이었습니다. 중국은 시진핑 주석의 취임 이후에 과거의 외교 정책을 버리고 '신형대국관계'를 추구하기 시작했습니다. 더 이상 '칼 빛을 숨기고 힘을 기를' 필요는 없다는 것이었겠지요.

자본주의 세계 경제에서 이런 불균등 발전, 즉 어떤 나라는 빠르게 성장하고 어떤 나라는 성장속도가 늦어지는 건 드물지 않은 현상입니다. 20세기를 전쟁의 참화로 밀어 넣었던 두 차례의 세계대전은 모두 선발국과 후발국 사이의 갈등이었고, 이걸 러시아의 레닌은 제국주의론에서 해명했습니다. 더 오랜 역사, 자본주의 이전으로 되돌려보아도 비슷한 현상은 관찰됩니다. 기원전에 벌어진 아테네와 스파르타의 펠로폰네소스 전쟁을 관찰한 역사학자 투키디데스는 빠르게 부상하는 신흥 강국이 기존의 패권국가와 무력충돌을 하는 경향이 있다고 분석했습니다. 어쩌면 지금 미국과 중국은 투키디데스의 함정에 빠져 있을지도 모릅니다. 다만 20세기와 달리 지금은 주요 강대국들이 핵무기를 손에 쥐고 있고, 이들이 전면전을 벌일 때 모두가 패배할 것이 분명하다는 게 오히려 전쟁을 억제하는 요인이 되는 역설적 상황이긴 합니다. 그리고 민중의 높아진 의식이 지배자들이 함부로 전쟁을 일으키는 걸 용인하지 않을 것이라는 데에서 우리는 희망을 찾아야겠지요.

해체되어 가고 있는 기존의 질서

변화는 미국과 중국에서만 일어난 게 아닙니다. 일본이나 베트남처럼 우리와 비교적 가까운 곳에 있는 나라들은 물론이고,

인도처럼 잠재력을 가진 나라들도 변화하고 있습니다.

일본이 가장 '잘 나갔던' 때는 1980년대였습니다. 그때 신문들에서는 일본의 부유한 자산가들과 회사들이 뉴욕의 큰 건물을 마구잡이로 사들이고 있다는 기사들이 심심치 않게 나왔습니다. 일본이 세계 2위의 무역 규모를 자랑하면서 1인당 국민소득에서 미국을 바싹 따라잡기도 했지요. 하지만 1980년대를 지나면서, 특히 미국이 강요한 플라자 합의를 맥없이 받아들이면서 일본 경제는 침체하기 시작합니다. 일본의 정치가 혼돈을 거듭한 것도 그때부터였습니다. 이제 일본은 더 이상 경제적으로도 유능하지 않고 정치적으로도 낙후한 나라가 된 것처럼 보입니다. 동아시아에서 미국의 '대리인'을 자처해왔던 일본의 지배층은 이를 더 가속화함으로써 침체를 벗어나려 합니다. 아베 정권이 이른바 '보통국가', 그러니까 전쟁을 할 수 있는 나라로 헌법을 바꾸겠다는 것이 그것입니다. 하지만 아베의 보통국가는 진정한 의미에서 보통국가는 아닙니다. 아베 정부가 추진하는 개헌은 '집단자위권'이라는 개념으로 일본 바깥에서의 전쟁에 참여하겠다는 것인데, 쉽게 말해 미국이 하는 전쟁에 우군으로 참여할 수 있는 권한을 요구하는 것입니다. 이게 '보통'의 국가는 아니지요. 일본은 미국의 허락 아래서 자신의 군사적 힘을 활용해 보려고 합니다. 그런 점에서 일본이 당장 시비를 걸어볼만한 나라는 한국일 것입니다. 한일관계가 노무현 정부 이래로 이명박-박근혜 정부를 거쳐 지금까지 좀처럼 좋아지지 않는 건 이런 이유에서입니다.

한일 간의 갈등은 미국이 이 지역에서 행사하는 영향력이 줄어들고 있다는 걸 보여주기도 합니다. 미국은 한국과도 군사동맹을 맺고 있고, 일본과도 군사동맹을 맺고 있습니다. 한국과 일본이 과거의 경험과 국민적 여론 때문에 직접 군사동맹을 맺을 수 없는 상황에서 미국이 두 나라 사이를 조정해왔던 것이지요. 하지만 미국이 언제까지 그럴 권위와 능력을 갖고 있는 건 아닙니다. 특히 트럼프 행정부는 한일 양국 관계를 중재하는 데 큰 관심을 보이지 않고 있습니다. 정확하게 말하면 관심이 없는 것이 아니라, 능력이 없는 것이지요.

미국은 중국의 부상에 맞서 베트남과 인도를 끌어들이려 합니다. 미군의 태평양사령부가 인도-태평양사령부로 이름을 바꾸었을 정도입니다. 태평양사령부는 주일미군과 주한미군을 관할하는 미국의 가장 오래되고 큰 통합전투사령부입니다. 과거 소련에 맞서 중국을 끌어들였을 때처럼 이젠 인도를 끌어들여 중국을 견제하겠다는 것입니다. 트럼프 행정부 이전인 오바마 행정부는 '아시아로의 회귀'라는 전략을 내세웠는데 같은 맥락이었습니다.

하지만 인도가 과거 중국처럼 미국에 큰 힘이 될 것 같지는 않습니다. 강대국은 인구가 많고 차지하는 영토가 넓어 규모가 있어야 하지만 가장 중요하게는 정치적으로 단합되어 있어야 합니다. 커다란 지역을 지배하고, 인구가 많은 나라들이 세상에는 적지 않게 있습니다. 하지만 정치적으로 리더십이 단단하지 않거나, 사회 지도층과 민중이 크게 분열되어 있는 나라들은 실제 힘을 발휘하지 못합니다. 19세기 말의 중국만 보아도 그렇지요. 이대로 상황이 계속 진행된다면 인도나 베트남은 물론이고 호주 같은 전통적인 '서방' 국가들도 중국과 미국 사이에서 애매한 태도를 취할 가능성이 높으리라 예상합니다.

지금까지 나는 한반도 주변에서 벌어지고 있는 변화를 살펴보았습니다. 2차대전과 한국전쟁이 끝나고 70년이 되어가는 지금 그때 만들어진 질서는 해체되어 가고 있습니다. 그리고 그 변화가 각국에서 드라마틱한 현상으로 나타나고 있습니다. 하지만 동아시아에서 가장 극적인 변화가 나타난 곳은 바로 한반도입니다. 한반도의 남쪽에서는 물론이고 북쪽에서도 그렇지요. 이제 그 이야기를 해보겠습니다.

우리는
지난날의
우리가 아니다

이제 머릿속에서 지구본을 돌려서 한반도를 가운데 놓고 생각을 해 보기로 합니다. 나는 어릴 때 지구본을 보는 일을 좋아했습니다. 그때는 지금처럼 외국에 나가는 일이 쉽지 않았습니다. 남자는 군대를 갔다 오기 전까지 아예 여권이 발급되지 않았을 정도이지요. 지도를 보면 세상엔 참으로 많은 나라들이 있습니다. 잘 사는 나라, 못 사는 나라, 작은 나라, 큰 나라, 더운 나라, 추운 나라… 내가 다른 나라에서 태어났더라면 어땠을까 하는 공상을 하기도 했지요.

다시 지구본을 돌려봅니다. 세상에는 수많은 나라가 있지만 우리처럼 위대한 민중을 가진 나라는 많지 않다고 나는 생각합니다. 우리는 20세기 초반 나라를 잃었고, 중반에는 참혹한 전쟁도 겪었습니다. 그때쯤 생겨난 신생국들처럼 우리 역시 경제적으로 가난하고, 정치적으로는 독재에다가, 외국 특히 미국에 모든 것을 의존하고 있었습니다. 해방 이후 우리 민중이 자주, 민주, 통일을 과제로 내세운 것은 너무나 당연했습니다. 아시아나 아프리카, 라틴아메리카의 대부분 나라들이 자주와 민주주의를 당면의 과제로 생각했던 것은 대체로 비슷했습니다. 하지만 이제 와서 돌아보면 우리만큼 당시의 역사적 과제를 잘 수행해나가고 있는 나라는 그리 많지 않습니다.

자주와 민주주의를 향한 길

우리가 자주, 민주, 통일이라는 과제를 본격적으로 실현하게 된 출발점은 역시 1987년 6월 항쟁일 것입니다. 오랜 시간 군사독재 치하에 있었던 우리는 결국 스스로의 힘으로 민주주의의 첫 발을 뗐습니다. 그해 겨울에 열린 대통령선거에서 노태우씨가 부정선거와 야권분열에 힘입어 당선되었지만, 그렇다고 세상이 잠잠해진 것은 아닙니다. 1960년 4.19혁명 직후 그랬던 것처럼 분단을 극복하고자 하는 세찬 운동이 일어난 것이지요. 1988년에 대학생들이 남북청년학생회담을 열겠다는 대규모 운동을 벌였고 1989년엔 문익환 목사와 임수경 당시 전대협 대표가 당국의 허가 없이 평양을 방문하기에 이르렀습니다. 노태우 정부는 재야와 학생운동을 탄압하면서도 한편으로는 북한과 협상을 시작해 1991년에 남북기본합의서를 채택합니다. "남북관계는 나라와 나라 사이의 관계가 아니라 통일을 지향하는 과정에서 잠정적으로 형성된 특수관계"라는 남북관계의 출발선이 만들어진 것이 바로 이때입니다. 노태우 정부는 '북방정책'이라는 이름하에 북한과의 관계 개선은 물론이고, 소련과 중국과의 관계도 개선해 나갑니다. 이는 김대중 정부가 시행했던 '햇볕정책'의 원조라고도 볼 수 있습니다.

나는 자주, 민주, 통일이 어느 날 문득 이루어지게 될 혁명적 변화라기보다는 하나의 '과정'으로서 달성해야 할 목표라고 생각합니다. 마치 우리에게 민주주의가 그랬던 것처럼, 자주와 통일이라는 과제도 때로는 전진하고 때로는 후퇴하지만 결국 이루어내야 할 목표라고 생각하는 것이지요. 실제 1987년 이후 우리 사회의 변화는 일진일퇴를 거듭했습니다.

앞서 노태우 정부가 북방정책을 시작했다고 했는데, 한국전쟁 이후 미국에 이양했었던 작전통제권을 회수하겠다고 처음 선언한 것도 노태우 정부였습니다. 노태우씨는 1987년 대선에서 선거공약의 하나로 '작전권 환수'를 내세웠고, 집권하자마자 용산 미군기지 반환을 추진했습니다. 지금도 미국이라면 일단 우러러보는 '보수세력'들은 자신들의 정치적 조상이라고 할 노태우 정부가 이런 정책을 추진한 것을 일부러 잊었겠지요. 군부 출신으로 광주 학살에 책임이 있는 노태우씨가 다른 정치인들에 비해 진보적이었던 건 결코 아닙니다. 다만 6월 항쟁 직후 우리 사회 '민중의 힘'이 그에게 이런 정책을 강제할 만큼 강했었기 때문일 것입니다.

자주, 민주, 통일이 하나의 과정이라는 전제에서 보면, 이를 밀고 나가는 추진력은 '민중의 힘'입니다. 민중의 힘이 강할 때 자주, 민주, 통일은 전진하고 민중의 힘이 분열되고 약화되면 자주, 민주, 통일이라는 과정도 후퇴합니다. 지난 30년만 돌아봐도 이는 명백합니다. 노태우 정부에서 시작된 북방정책은 김영삼 대통령이 취임사에서 "어떤 동맹국도 민족보다 더 나을 수는 없다"라고 선언할 정도로 발전합니다. 우리에게 '동맹국'이란 결국 미국이니, 미국으로서는 깜짝 놀랄 일이었겠지요. 하지만 김영삼 정부가 초기의 개혁을 마무리하고 점차 보수화되면서 남북관계도 중단됩니다.

최초의 평화적 정권교체였던 1997년 대선에서 김대중 대통령이 당선되면서 다시금 남북관계에는 온기가 돌았습니다. 김대중 대통령은 2000년에 남측 대통령으로서는 처음 평양을 방문해 6.15 공동선언에 서명합니다. "남과 북은 나라의 통일문제를 그 주인인 우리 민족끼리 서로 힘을 합쳐 자주적으로 해결해 나가기로 하였다"는 합의가 바로 이것입니다. 그리고 2년 뒤 여름엔 월드컵에서 우리가 세계 4강에 올랐고, 대규모 거리 응원전을 펼치며 스스로 놀라기도 했지요.

나는 이때를 지나면서 우리가 민족적 자신감을 갖게 되었다고 생각합니다. 우리는 이제 더 이상 가난하고 독재에 찌든, 분단된, 미국의 종속국이 아니라는 자각이 생겨난 것이지요. 이를 입증한 것은 2002년 말 전국을 휩쓴 반미촛불시위였습니다.

월드컵이 있던 2002년 6월 13일, 경기 북부 양주의 한 지방도로에서 갓길을 걷던 중학교 2학년 신효순·심미선양이 미군 장갑차에 깔려 숨지는 사건이 일어납니다. 주한미군의 지위를 규정해 놓은 주둔군지위협정(SOFA)은 이런 사건에서도 우리 정부가 아무런 역할을 할 수 없도록 해 놓았지요. 미군 당국은 이 참혹한 죽음을 만들어낸 병사들에게 아무런 잘못이 없다면서 무죄를 선고한 후 본국으로 되돌려 보냈습니다. 양주 인근 의정부시에서 학교를 다니던 효순·미선양의 언니 오빠들은 6월 20일 미군 부대 앞에 모여서 촛불을 들고 항의시위를 벌였습니다. 이 사건이 알려지면서 점차 전국의 진보적 시민사회운동이 결집하게 됩니다. 의정부에서 시작한 항의 행동은 점차 퍼져갔고 마침내 그해 12월 광화문을 가득 메운 대규모 촛불 집회로 발전합니다. 이 촛불 집회는 2004년 노무현 대통령 탄핵 반대 시위, 2008년 미국산 쇠고기 수입 반대 집회, 2016년 박근혜 대통령 퇴진 촉구 집회로 이어지는 촛불시위의 원형이었습니다.

한국에서 미국을 반대하는 대중적 행동이 일어난 것은 매우 놀라운 일이었습니다. 20세기 내내 미국은 무소불위의 권력이었습니다. 미국은 자신의 마음에 들지 않는 정권을 군부쿠데타로 축출하기도 했고, 경제 제재의 방법으로 무릎 꿇리기도 했습니다. 우리 역사에 있었던 군부쿠데타와 1980년의 광주 학살의 이면에 미국의 지원과 조종이 있었다는 의심이 나온 이유이기도 하지요. 더구나 한국은 베트남에 군대를 파견하고 여전히 군 작전권을 미국에 양도한 자타공인의 '친미' 국가였습니다. 해외에서 한국을 미국의 종속국이라고 본 것은 당연했습니다.

그런 나라에서 대규모 반미시위가 열린 것입니다. 미국도 놀랐겠지만, 한국의 지배세력도 크게 놀랐습니다. 촛불시위가 열린 2002년 겨울엔 대통령 선거도 함께 열렸는데, 보수야당의 후보였던 한나라당 이회창 후보가 시위 현장을 찾았을 정도였습니다. 이렇게 커다랗게 자라난 민중의 힘은 모두의 예상을 뒤엎고 그때까지 정치권의 '이단아'였던 노무현 후보를 당선시킵니다.

이처럼 사회의 변화에는 주체가 있습니다. 자연의 세계에선 가을이 가면 겨울이 오고, 겨울이 가면 다시 봄과 여름이 찾아옵니다. 하지만 사회의 변화는 변화를 만들어나가는 힘이 없으면 일어나지 않습니다. 민중의 힘은 사회 변화의 동력입니다. 그렇기에 민중의 힘이 약해지면 다시금 역사는 되돌아가고, 민중의 힘이 성장하면 역사는 앞으로 나아가게 됩니다.

이를테면 박근혜 정부는 노무현 정부와 미국이 합의했던 전시작전권 환수를 원점으로 되돌렸습니다. 세계에는 약한 나라,

작은 나라들이 많지만 자신의 군대를 남에게 맡겨놓은 경우는 한국과 부탄 뿐이라고 하지요. 우리 군의 작전권을 우리가 선출한 대통령이 행사하는 건 너무나 당연한 일입니다. 이 당연한 일이 '당연하게' 되려면 민중의 힘이 꼭 필요한 법입니다.

앞에서 나는 2차 세계대전 이후의 지정학이 크게 변화하고 있다고 이야기했습니다. 그리고 그것보다 더 드라마틱한 변화가 이 땅에서 벌어졌다고도 했지요. 우리 사회에서 벌어진 가장 큰 변화는 우리 민중의 힘이 크게 발전했다는 것입니다. 1987년 6월 항쟁에서 시작한 변화는 2016~17년의 박근혜 탄핵에 이르러 그 꽃을 피웠습니다. 우리사회는 세계 어디에도 뒤지지 않는 훌륭한 민중의 공동체입니다. 나는 이 힘이 우리 주위의 변화와 맞물려 더 큰 변화를 만들어 낼 것이라고 믿습니다.

북핵을 만들어 낸 힘

이제 한반도의 북측에 대해 살펴보려고 합니다. 이 땅에 대해 우리는 대개 '북한'이라고 부르고, 그곳에 사는 이들은 '조선'이라고 부르고, 이런 구분이 어색할 분단 이전과 직후에 살았던 사람들은 '이북'이라고 부릅니다. 이럴 땐 사실 영어가 좀 편한 면이 있는데 그저 노스 코리아(North Korea)지요. 남북

을 그저 코리아라고 부를 땐 불편하지 않은데, 대한민국의 '한'
이나 조선민주주의인민공화국의 '조선'을 따서 쓸 때는 그런 말
을 할 때부터 스스로 검열을 하게 됩니다. 무엇이라고 부르든
지금의 북한, 다른 말로 하면 북조선에 사는 이들은 우리의 동
포이며 같은 민족임을 부인할 수 없지요.

남과 북이 싸우지 않고 평화롭게 지내려면 '우리'가 서로 다
르다는 걸 잘 살피면서 그걸 존중할 수 있어야 합니다. 실제로
남과 북은 해방과 전쟁을 거치면서 갈라져서 이제 많은 것이
달라졌습니다. 우리는 여당과 야당으로 갈라져서 갈등을 반복
하는 것이 사회 발전에 도움이 될 것이라고 생각합니다만, 북
측의 동포들은 그렇게 생각하지 않습니다. 북측은 어렵게 살더
라도 미국이나 소련과 같은 강대국의 비위를 맞추는 걸 굴욕적
이라고 생각하지만, 아마 남측의 많은 사람들은 그렇게 해서라
도 더 많은 경제적 이익을 갖게 되는 걸 찬성할 겁니다. 무엇이
정말 옳은 것인지를 논쟁하기 전에, 일단 남과 북은 여러 면에
서 다릅니다. 우리가 정말 무엇 때문에 다르다고 느끼는지, 그
리고 그걸 상대방은 어떻게 생각하는지를 먼저 돌아볼 필요가
있겠지요.

최근 수십 년 간 남과 북의 갈등을 만들어 낸 가장 핵심적인
문제는 북한의 핵무기입니다. '북한의 핵무기'에서 '북한'을 떼

어놓고 먼저 생각해 봅시다. 핵무기는 인류 역사에서 단 두 번 사용된 무기입니다. 어떤 경우에건 전쟁은 매우 참혹한 것이지만, 핵무기가 사용된 전쟁은 다시는 반복해서는 안 될 정도의 참혹함을 낳았습니다. 미국은 2차 세계대전이 끝나갈 무렵 일본의 히로시마와 나가사키에 핵무기를 투하했습니다. 핵무기가 떨어진 히로시마에서는 9만 명에서 16만 명, 나가사키에서는 6만 명에서 8만 명이 사망했습니다. 핵무기가 떨어진 시점 이후 그 후유증으로 사망한 사람은 훨씬 많았습니다. 단 두 번의 폭격으로 30만 명 이상이 학살된 사건. 이것은 끔찍하다는 말로 설명할 수가 없는 인류의 비극이었습니다. 일제의 지배하에서 고통 받았던 우리로서는 일견 '시원하다'는 사람도 있을 수 있을 것입니다. 하지만 절대 다수가 민간인이었을 30만 명의 희생자 앞에서 그 누구라도 이 행위가 정당했다고 말해서는 안 됩니다. 이 사건은 히틀러의 유대인 학살에 버금가는 최악의 전쟁 범죄였습니다.

핵무기가 이처럼 어마어마한 비극을 만들어 낸 후 인류는 핵무기가 다시는 사용되어선 안 된다는데 공감했습니다. 처음으로 핵무기를 사용했던 미국조차도 그 이후의 한국전쟁과 베트남 전쟁, 중동에서의 여러 전쟁에서 핵무기를 사용하지 못했지요. 핵무기를 사용하겠다는 위협조차도 있어서는 안 될 일이

된 것은 너무나 당연한 일이었습니다.

핵무기의 이렇듯 가공할 위력은 역설적으로 핵무기의 정치적 힘을 만들어 냈습니다. 만약 상대가 핵무기를 통해 보복할 가능성이 있다면, 그를 공격할 수 없다는 '공포의 균형'이 그것이지요. 이걸 좀 더 학술적으로 표현하면 '상호확증파괴(mutual assured destruction)'가 될 것입니다. 내가 핵무기를 가지고 있고, 이것으로 상대를 완전히 무력화할 수 있다면 핵무기를 사용할 수도 있겠지요. 미국이 일본을 상대로 핵무기를 쓴 상황이 이것입니다. 하지만 만약 핵무기를 사용한 선제공격에도 불구하고 적의 일부가 살아남고 그 살아남은 적이 나에게 핵 보복을 감행할 수 있다면 어떨까요? 이런 상황이 바로 상호확증파괴입니다. 상대가 어떤 상황에 처해서건 나를 파괴할 수 있다면, 내가 상대를 파괴하는 건 아무 의미가 없어지는 것이지요. 2차 대전 이후 강대국들은 상호확증파괴를 실현하는데 총력을 다했습니다. 소련이 미국에 이어 핵무기를 개발했고, 중국이 그 뒤를 이었습니다. 상대의 선제 핵 공격에서 살아남기 위해 수백에서 수천 개의 핵무기를 만들고 이를 곳곳에 은닉했습니다. 수십 년 간의 냉전에서 강대국들끼리 전쟁을 하지 않은 건 핵무기가 낳은 정치학이 작동한 결과이기도 했습니다.

이제 다시 '북한의' 핵무기로 돌아와 봅시다. 북한이 미국으로부터 핵 공격 위협을 받은 건 한국전쟁 때부터입니다. 미국의 더글러스 맥아더 장군은 북한과 중국의 국경에 핵무기를 떨어뜨려 두 나라를 완전히 분리시킴으로써 중국이 북한을 지원할 수 없도록 하겠다는 구상을 했었지요. 이때는 일본에 투하한 핵무기가 일으킨 충격이 미처 가라앉지 않은 때라 실행되지는 않았습니다. 하지만 미국은 그 이후에도 북한과의 갈등이 증폭될 때마다 핵무기로 북한을 공격할 수 있다는 위협을 계속했습니다. 실제로도 1991년, 그러니까 소련이 붕괴하고 노태우 정부가 새로운 북방정책을 내놓을 때까지 한반도 이남에는 전술 핵무기가 배치되어 있었습니다.

소련이 붕괴하고, 중국 역시 북한에 대해 핵우산을 제공하지 않을 것이라는 게 분명해지면서 북한은 자체적으로 핵무기 개발에 나섰습니다. 미국을 상대로 '상호확증파괴'의 전략을 시도한 것이지요. 북한이 핵무기 개발과 함께 ICBM이나 SLBM 같은 투발 수단을 만들어 낸 것은 핵무기의 정치학에서 보자면 예정된 수순이었습니다.

북한의 핵개발은 과거 소련이나 중국의 핵개발과도 상당히 다릅니다. 소련과 중국이 핵을 개발하던 때에는 NPT체제가 성립되기 전입니다. 미국은 소련과 중국이 핵무기를 개발하자

핵무기를 이미 개발한 나라들 사이에서의 '담합' 체제를 만들어 냅니다. 이미 개발한 나라는 어쩔 수 없지만, 아직 그렇지 않은 나라들에게는 결코 핵무기 개발을 허용할 수 없다는 체제가 NPT체제입니다. 미국의 지원 하에 핵개발에 성공한 이스라엘이나 NPT체제의 바깥에서 핵무기를 개발한 후 미국의 사후승인을 받은 인도나 파키스탄을 고려한다면 북한은 이 체제의 유일한 예외입니다. 그러니까 NPT체제를 뚫고, 다른 말로 하면 미국은 물론, 러시아와 중국의 반대를 무릅쓰고 핵을 개발한 나라는 지금까지 북한 밖에 없습니다.

북한의 핵무기는 동북아의 지정학에서 '게임 체인저'라고 불립니다. 북한이 핵을 갖게 되면서 더 이상 작고 가난한 나라로만 취급할 수 없게 된 것입니다. 핵무기를 가진 나라들은 국제 문제에서 상당한 발언권을 갖게 되거나, 최소한 무시할 수 없는 존재가 됩니다. 북한이 2018년부터 미국과 직접 대화를 시작하게 된 것은 이런 현실을 반영한 것이지요.

북한의 안보상황은 크게 바뀌었습니다. 미국의 위협에 전전긍긍할 수밖에 없었던 북한은 이제 미국을 위협하는 나라가 되었습니다. 핵의 국제정치학은 이런 의미에서는 참으로 냉정합니다. 북한과 미국은 2018년 여름 싱가포르에서 정상회담을 갖고 서로가 느끼는 '안보상의 우려'를 해소하기로 합의했습니

이석기 옥중수상록

다. 미국은 북한의 비핵화를, 북한은 미국의 위협을 제거하는 것을 놓고 앞으로도 상당한 기간 동안 협상을 계속할 것입니다.

북미 협상이 성공한다면 북한을 포함한 한반도 비핵화는 실현될 것입니다. 북한이 핵무장을 스스로 내려놓는 일은 매우 어려운 일이지만, 불가능한 것도 아닙니다. 그렇게 되면 미국 역시 한반도에 지금처럼 핵 잠수함이나 폭격기를 전개하지 못하게 될 것입니다. 우리로서는 환영할 만한 전개이지요.

북한이 핵무기를 내려놓고 완전한 비핵화로 나아가더라도 북한이 강대국들의 담합 체제를 뚫고 핵을 개발했던 '힘'은 여전히 북한에 남아있게 될 것입니다. 북한은 1994년 김일성 주석의 서거 이후 매우 어려운 시간을 보냈고 지금도 경제적으로 매우 곤궁한 처지에 있습니다. 미국은 물론 중국 역시 북한의 정책에 대해 강하게 반대했고 여러 가지 방법으로 압력을 가해왔습니다. 이런 상황에서 핵과 장거리 미사일을 개발하는 건 불가능해 보였습니다. 그러나 북한은 결국 핵개발에 성공했습니다. 우리로서는 북한과 같은 길을 걸을 이유도 없고, 걸을 수도 없겠지만, 북한이 남측이 갖고 있지 않은 무언가를 갖고 있음은 분명해 보입니다.

20세기는 미국의 세기였습니다. 미국은 2차 세계대전을 통해 세계의 초강대국으로 올라섰고, 소련과의 길고 긴 냉전에서 마침내 승리해 유일 강대국이 되었습니다. 20세기가 끝나고 새로운 천 년이 시작될 때 미국의 미래를 걱정하는 이들은 아무도 없었습니다. 하지만 그 이후 20년이 흐르면서 미국은 과거의 권위를 잃었습니다. 최소한 동북아에서 미국은 이제 유일한 패권국가가 아닙니다. 마치 19세기 후반 조선을 둘러싸고 강대국들이 각축을 벌였던 것처럼 이제 동북아는 미국과 중국이 힘을 겨루는 무대가 되었습니다. 러시아와 일본도 언제든지 이 무대에 뛰어들 준비를 하고 있고요.

다행한 것은 우리가 과거의 우리가 아니라는 점입니다. 우리는 쇠락해가는 조선왕조가 아니거니와 1945년 해방 직후의 우리도 아닙니다. 한반도의 남측에서는 세계가 부러워하는 민주주의가 꽃피고 있고, 한반도의 북측 역시 만만치 않은 저력을 보이고 있습니다. 남은 남의 길을 걸어왔고, 북은 북의 길을 걸어왔지만 우리는 분명 지난날의 우리가 아닙니다.

한미동맹이라는 미신

나는 지금까지 우리를 둘러싼 환경이 얼마나 바뀌었고, 우리가 스스로 이뤄낸 것은 무엇인지 살펴보았습니다. 이제 앞으로 우리가 어떻게 해야 할지에 대해 말하려고 합니다. 결론을 미리 밝히자면 '탈(脫)동맹—민족협력의 길'입니다. 전쟁 이후 우리와 세계와의 관계를 규정해왔던 한미동맹에서 벗어나 민족협력을 핵심으로 하는 평화·번영으로 나가는 것이지요.

한미동맹은 가치의 동맹이 아니다

한미동맹에서 벗어나자는 것은 매우 급진적인 주장으로 받아들여질 것입니다. 이 사회의 지배세력은 한미동맹을 결코 훼손할 수 없는 지상명령으로 이해해왔습니다. 김대중 정부나 노무현 정부, 문재인 정부처럼 민주당 계열의 정권 역시 마찬가지였지요. 하지만 세상의 모든 것이 변화하는 것처럼 한미동맹 역시 변화를 비켜갈 수는 없습니다.

지배세력이 한미동맹을 신성시하는 건 대체로 두 가지의 논리에 터를 잡고 있습니다. 그중 하나는 한국과 미국이 '가치'를 공유하고 있다는 것입니다. 주로는 민주주의와 시장경제라는 가치가 거론됩니다. 한국이나 미국이 모두 민주주의와 시장경제를, 좀 더 좁혀보자면 자유민주주의와 자유시장경제를 중요한 가치로 보고 있다는 건 언뜻 사실로 보입니다. 이 주제들을 어떻게 다루어야 할지는 다른 단락에서 다룬 바가 있습니다. 다만 이런 인식에는 하나의 함정이 있습니다. 민주주의와 시장 경제를 중시하는 모든 나라가 미국과 동맹을 맺고 있지는 않다는 것이지요. 사실 동맹은 외교안보적 개념입니다. 따라서 한국과 미국이 동맹을 맺으려면 외교안보에서 중시하는 가치가 일치해야 하는 게 우선입니다. 놀랍게도 외교안보적 가치라는 관점에서 한국과 미국은 전혀 일치하지 않습니다.

미국의 대외정책은 본질적으로 제국주의적입니다. 미국은 자신의 이익을 침해할 가능성이 있거나, 자신의 미래 이익을 위해 복속시켜야 하는 나라들에 대해 군사적 힘을 동원해왔습니다. 21세기에만 해도 미국은 이라크를 침략했고, 아프가니스탄에서 전쟁을 벌였습니다. 중동에서의 끝없는 분쟁 뒤에는 늘 미국이 있습니다. 동유럽에서 러시아와 대립하고 있고, 동아시아─동남아시아─남아시아에서 중국과 대치합니다. 라틴아메리카에서 미국의 패권적 정책은 여전하지요. 심지어 미국은 이런 대외정책에 대해 '글로벌 리더십' 혹은 '미국 예외주의'라는 표현을 들어 공공연하게 내세우기도 합니다. 이런 용어는 제국주의의 미국식 표현일 뿐이지요. 미국의 이런 대외정책은 민주당이건 공화당이건 거의 차이가 없습니다.

우리는 전혀 그렇지 않습니다. 우리는 주변국들을 먼저 침략

해서 식민화하려는 의지를 보인 적이 없습니다. 우리가 한국전쟁 이후 해외로 군대를 파견한 경우는 100% 미국의 요구에 따른 것이었습니다. 만약 우리 국민들에게 '한국이 경제적 이익을 위해 외국을 침공하는 것에 동의하느냐'고 묻는다면 압도적인 반대가 나올 것이 분명하지요. 우리는 아예 이런 발상을 가져본 적이 없으니까요.

이렇게 외교안보 문제에 대해 정반대의 시각을 가진 두 나라가 동맹을 맺고 있는 것은 확실히 어색한 일입니다. 두 나라의 정치인들은 한미동맹이 '가치의 공유'위에 서 있다고 말하지만 이건 그저 고상한 눈속임일 뿐입니다.

지배세력이 한미동맹을 정당화할 때 드는 또 하나의 논리는 외부의 위협에 대처하기 위함이라는 것입니다. 여기서 외부라는 건 북한이거나, 북한과 동맹을 맺고 있는 과거의 소련 또는 지금의 중국을 의미하겠지요. 세계적 냉전이 진행 중이던 1953년에서 1989년까지 이런 주장은 어느 정도 설득력이 있었습니다. 하지만 지금은 미국조차도 자신들의 적이 '커다란 군대와 강력한 핵무기, 전 세계에 걸친 동맹국을 거느리고 팽창주의적 목표를 지닌' 나라가 아님을 인정하고 있습니다. 대신 미국이 '적'으로 생각하는 건 문화적 혹은 종교적 차이로 인해 생겨난 소수의 테러리스트 집단입니다. 전세계를 충격에 빠뜨

렸던 2001년 9·11 사건은 이런 현실을 상징적으로 보여줬고, 한 때 중동에서 위세를 떨친 이슬람국가(IS)도 그렇습니다. '북한과 동맹을 맺고 있는 소련 혹은 중국'이라는 주장 역시 더 이상 사실이 아닙니다. 21세기 들어 북중관계는 부침이 매우 심했고, 북한의 핵개발에 대해 중국은 미국 못지않은 압박을 가해왔습니다. 러시아가 북한과 무슨 군사동맹을 유지하고 있는 것도 아닙니다. 그러니 한미동맹이 대처하고 있다는 외부의 위협에서 냉전식의 진영 대결을 상상하는 건 근거가 없는 것이지요.

남은 것은 '북한이라는 위협'입니다. 철책선에서 총을 맞대고 있는 현실에서 우리 사회가 북한으로부터 아무런 위협을 느끼지 않는다고 할 수는 없을 것입니다. 하지만 그 위협이 미국과의 동맹을 반드시 필요로 할 정도는 아닐 것입니다. 중국의 고대 군사이론가인 손자는 정공법으로 전쟁에서 승리하려면 5배 정도의 전력이 필요하다고 했습니다. 북한의 전력이 우리를 무력화할 수 있는 5배는 당연히 아닙니다. 사실 군사적 능력에서 우리는 이미 북한을 앞서고 있습니다. 미국의 군사력 평가기관인 글로벌 파이어파워(GFP)는 2020년 세계군사력 순위에서 한국을 6위, 북한을 25위로 평가했지요. 그러니 여전히 북한의 위협을 강조하면서 미국이 없으면 우리가 스스로를 지킬 수 없다고 말하는 건 사실이 아니며, 솔직히 창피한 일입니다.

나는 지금까지 한미동맹의 '논리'를 비판했는데, 어쩌면 이 건 아무 의미가 없을지도 모릅니다. 한미동맹의 '실제'는 논리 와는 달리 동맹이라고 부를 수도 없는 일방적인 관계이니까요. 동맹은 설령 양측의 힘에서 차이가 있을지라도 최소한 각자 자 주성이 있는 주체들 사이에서 성립되는 관계지요. 하지만 실제 에 있어서 한미동맹은 종속 혹은 예속이라고 불러도 좋을 정도 의 관계입니다.

당장 우리는 전시작전권을 갖고 있지 않습니다. 한미연합사 는 미군이 사령관을, 한국군이 부사령관을 맡고 있지요. 군과 같은 조직에서 사령관과 부사령관이 '동맹'이라는 관계를 가 질 수는 없는 것입니다. 2020년 내내 한미 간의 현안이었던 방 위비분담금 협상은 어떻습니까? 방위비를 '분담'한다고 하지 만 사실은 한국에 주둔한 미군, 그러니까 '주둔군'에 대한 비용 부담이지요. 심지어 이 협상에서 트럼프 미국 대통령은 자신이 어린 시절 뉴욕에서 임대료를 수금하러 다녔던 경험을 이야기 하면서 "브루클린의 임대아파트에서 114.13달러를 받는 것보 다 한국에서 10억 달러를 받는 게 더 쉬웠다"고 말하기도 합니 다.

한미동맹의 실제는 구체적인 현실로 들어갈수록 점점 더 동맹과는 거리가 멉니다. 미국은 한미미사일사거리 '지침'이라는 이름 아래 우리 군의 탄도미사일 개발에 제한을 둡니다. 이 제한을 푸는 것은 한국 외교부와 국방부의 '엄청난' 과업이지요. 애초에 주권국가들 사이에 이런 제한이 생겨나는 것 자체가 황당한 일인데도 말입니다. 문재인 정부 들어서서 미국은 한국의 대북정책을 사전에 검열하기 위해 '워킹그룹'이란 걸 만듭니다. 우리 정부의 모든 대북정책은 워킹그룹을 통과해야 하는데, 미국은 이를 통해 북측 지역에서 열리는 남북공동행사에 기자들이 가져갈 노트북까지도 문제 삼았지요.

한미관계에서는 현실을 왜곡하는 이름들이 많습니다. 종속이라는 단어는 동맹으로 포장되고, 주둔비 지원은 방위비 분담으로 불립니다. 평택에 대규모의 새로운 미군기지를 조성하는 사업은 연합토지관리계획(LPP)이라고 불리는 식이지요.

이 중에서 압권은 주한미군이 유엔사령부의 모자를 쓰고 있는 것입니다. 유엔사령부는 그 이름과 달리 유엔의 조직이 아닙니다. 유엔에서 예산을 받고 있지도 않습니다. 그저 주한미군에 외피를 입힌 것이지요. 그런데도 우리가 DMZ를 넘으려면 유엔사의 동의를 얻어야 합니다. 국회 외교통일위원장인 송영길 의원이 이를 놓고 "주한 유엔군사령부라는 것은 족보가 없다. 이것이 우리 남북 관계에 관해서 간섭하지 못하도록 통

이석기 옥중수상록

제해야 한다"고 한 건 올바른 이야기입니다. 과거 노무현 대통령이 작전권 반환을 반대하는 군 장성들에 대해 "부끄러운 줄 알아야 한다"고 한 것도 그런 의미였을 겁니다.

한미동맹은 우리에게 이익이 되지 않는다

한미동맹을 지탱해왔던 논리들이 더 이상 의미가 없다면 이제는 한미동맹에 대해 손익계산을 해 볼 필요가 있을 것입니다. 믿을 수 있는 친구는 많을수록 좋다는 게 우리가 가진 보통의 관념입니다만, 이런 관념이 개인을 넘어 국가나 기업에 그대로 적용될 수는 없습니다. 국제사회에서 동맹은 딜레마를 갖고 있습니다. 이른바 연루(entrapment)와 방기(abandonment)의 딜레마라는 것인데요, 연루의 위험이란 동맹국을 돕기 위해 원치 않는 분쟁에 휘말리는 경우이고, 방기의 위험이란 동맹을 맺지 않으면 도움이 절실할 때 방치될 수도 있다는 것입니다.

연루에 따른 위험은 경험적으로 충분합니다. 멀리 베트남 전쟁까지 갈 것도 없이 탈냉전 이후인 21세기에만 해도 우리는 이라크 전쟁에 휘말렸습니다. 당시 미국은 후세인 정권의 이른바 'WMD(대량살상무기)' 개발을 이유로 이라크를 침략했습니다. 하지만 전쟁 후에 밝혀진 것은 후세인 정권이 WMD를 갖지 않았다는 것이고, 제국주의적 욕망에 휩싸인 부시 행정부가 국민을 속였다는 것이지요. 2003년 당시 노무현 정부에서 주축을 이뤘던 정치인들은 이라크 전쟁에 호의적이지 않았습니다. 그럼에도 불구하고 미국의 강압을 이겨내지는 못했습니다. 바로 동맹국을 돕기 위해 원치 않는 분쟁에 휘말리는 경우였습니다. 이즈음 해서 미군은 전략적 유연성이라는 개념을 도입합니다. 해외에 주둔해 있는 미군을 여기저기로 옮겨 다니면서 중요한 전장에 투입하겠다는 것이지요. 이런 개념에 따르면 주한미군 역시 언제든 다른 곳으로 옮겨갈 수 있게 됩니다. 주한미군이 옮겨가는 것은 단순히 미군의 재배치로만 끝나지 않습니다. 현재의 동맹체제에서 주한미군과 우리 군은 사실상 한 몸인데 주한미군의 해외 분쟁 개입은 우리에게 거의 자동적인 의무를 부과할 가능성이 높습니다. 이를테면 중국과 미국이 제한적으로라도 군사적 충돌을 일으킨다면 주한미군과 우리 군은 곧바로 이 분쟁에 연루될 수 있는 것이지요.

앞서 말한 것처럼 미국은 우리와 달리 세계 곳곳에서 분쟁에 관여합니다. 중동이나 남미에서 미국이 분쟁에 관여하면 우리 역시 그 영향을 받습니다. 미국의 트럼프 행정부가 이란과의 핵협정을 파기하면서 한국 기업도 이란으로부터 석유를 사올 수 없게 되었습니다. 이것은 미국의 또 다른 동맹인 유럽 국가들에 비해 우리에게 훨씬 강력하게 작동합니다.

　동아시아에서도 이런 연루의 위험은 뚜렷합니다. 2016년 박근혜 정부는 사드(THAAD, 고고도미사일방어시스템)의 도입을 선언했습니다. 사드는 높은 곳에서 떨어지는 미사일을 탐지하고 격추하는 무기 체계인데, 사실 이런 무기는 한반도에서는 별 쓸모가 없습니다. 설사 북한이 남측을 향해 미사일을 발사한다고 해도 사드의 사정거리가 될 만큼 높이 올라가지 않기 때문이지요. 이 때문에 이명박 정부도 사드 도입에 대해 동의하지 않았고, 박근혜 정부조차도 임기의 전반기에는 사드를 도입하지 않았습니다. 반면 미국은 꾸준히 사드 배치를 추진해왔고 북한의 핵·미사일 개발을 명분으로 마침내 도입에 성공합니다. 북한과 관련해서는 별 쓸모없는 사드를 한반도에 배치한건 누가 봐도 중국을 겨냥한 것이었고 중국은 이에 대해 경제보복으로 대응했습니다. 중국의 보복으로 우리가 입은 피해는 2016~18년까지 16조원이 넘는다고 하지요.

　한일군사정보보호협정, 일명 지소미아(GSOMIA)를 봅시다. 지소미아는 우리와 일본이 각각 수집한 군사정보를 공유하겠다는 협정입니다. 우리와 일본은 모두 미국과 군사동맹을 맺었습니다. 하지만 우리와 일본 사이에는 군사동맹이 없습니다. 일본이 우리를 강압적으로 침탈했던 20세기의 역사를 생각해

보면 이는 너무나 당연한 것이지요. 하지만 미국은 한국과 일본 사이에도 강한 군사협력이 생겨나기를 원합니다. 일본을 내세워서 동아시아의 패권을 유지해야 하는데, 그러려면 한국을 일본의 하위 파트너로 편입하는 한미일 군사동맹이 필요하다고 보는 것입니다. 지소미아는 사실 군사협력의 초기 단계라고 할 수 있는데, 우리 국민들은 아무리 초기 단계라고 하더라도 일본과 군사적 관계를 맺는 것에는 강한 거부감을 갖고 있었습니다. 이명박 정부가 이를 추진했지만 실패한 것도 그런 이유였지요. 이명박 정부를 이어 집권한 박근혜 정부는 좀 더 강하게 이를 추진했고 2016년 말에 결국 협정을 체결합니다.

지소미아가 다시 문제가 된 것은 2019년 들어서 일본이 강제징용 노동자에 대한 배상 문제를 이유로 우리에 대한 경제보복에 나서면서였습니다. 일본의 아베 정부는 우리에 대해 '더 이상 우방으로 간주하지 않는다'는 입장을 취했는데, 문재인 정부는 지소미아 종료 통보로 이에 맞섰습니다. 군사 정보를 공유한다는 건 우방들끼리만 가능한 일입니다. 일본이 우리를 우방이라고 보지 않는 상황에서 우리 정부가 지소미아를 종료하겠다고 한 건 당연한 반응이라고 할 수 있지요. 국민들도 이를 지지했습니다. 하지만 문재인 정부는 지소미아 종료 몇 시간을 앞두고 이를 다시 연장하기로 합니다. 일본의 보복이 두려워서

이석기 옥중수상록

가 아니라 미국의 압력을 이기지 못한 것이었습니다. 결국 한미동맹이 우리의 대일본 외교를 억압한 셈입니다.

남북관계 역시 연루의 위험이 작용하는 분야입니다. 미국은 대북제재를 주도하는 나라입니다. 미국이 결심하면 모두가 따를 것 같지만 그런 것은 아닙니다. 미국과 상대적으로 소원한 나라들은 자신들의 필요에 따라 북한과 협력합니다. 러시아나 중국은 말할 것도 없고, 동남아시아와 중앙아시아, 중동, 심지어는 유럽 국가들도 북한과 다양한 관계를 맺고 있습니다. 일례로 지금 북한을 관광할 수 없는 사람들은 미국인, 일본인, 한국인입니다. 다른 나라 국민들은 원한다면 북한을 방문할 수 있습니다. 미국이 세계인들에게 북한을 방문해서는 안 된다고 제한을 둘 수는 없으니까요. 그러나 우리는 남북관계 개선에 상당한 의지를 가진 문재인 정부가 들어선 이후에도 금강산 관광이나 개성공단을 재개하지 못하고 있습니다. 미국의 대북제재에 영향을 줄 수 있다는 우려 때문이지요. 우리가 한미동맹을 지금처럼 신주 단지 모시듯이 다루는 한 남북관계를 독자적으로 발전시킨다는 건 불가능할 겁니다.

탈동맹은 우리의 가치를 높이는 길

원치 않는 분쟁에의 휩쓸림, 강대국 사이의 갈등에 따른 보복, 대외 정책과 대북 정책의 자주성 상실이라는 명백한 손해에도 불구하고 우리 사회에는 여전히 한미동맹에 대한 집착을 가진 이들이 많습니다. 이건 방기의 위험을 의식하는 것입니다. 즉 우리가 미국을 소홀히 대하면 우리가 위험에 처했을 때 미국이 도와주지 않을 것이라는 두려움이지요.

나는 앞서 북한으로부터의 위협이란 과장된 것이며, 굳이 미국이라는 동맹을 필요로 하지 않는다고 설명했습니다. 그러니까 이제는 중국으로부터의 위협에 대해 살펴볼 순서입니다. 보수세력들은 방기의 위험이 실제 드러난 예로 한국전쟁을 듭니다. 해방 이후 38선 이남에 주둔했던 미군이 철수하고 애치슨 미국 국무장관이 한국을 '방어선'에서 제외하는 선언을 한 이후 북한의 남침을 겪었다는 것입니다. 미국과 관계가 소원해지면 중국이나 중국을 등에 업은 북한이 우리를 무력으로 흡수하려 할 수 있다는 이야기가 이어지지요.

하지만 이런 발상은 과거 제국주의 시대, 냉전 시대의 사고를 오늘의 현실에 억지로 적용한 것일 뿐입니다. 과거 제국주의 시대에 열강은 저개발 지역을 무력으로 장악해 식민지로 삼았습니다. 이들 식민지는 제국주의 본국에 배타적인 이익을 제공했지요. 서로 다른 제국주의 나라들 사이에서는 식민지를 빼앗기 위해 전쟁이 벌어졌습니다. 냉전 시기의 진영 대립은 양상은 다소 달랐지만 서로 배타적이었다는 점에서는 비슷합니다. 우리 경험만 돌아봐도 그렇습니다. 일제 식민지 시기 또 다른 제국주의 국가였던 영국과 미국은 우리에게 '주적'이었습니다. 일본은 조선인들에게도 영국과 미국을 '귀축영미(鬼畜英米)'라고 교육했지요. 냉전 시기에도 자본주의 진영과 사회주의 진영은 서로에게 배타적이었습니다. 1990년대 초반까지도 우리와 중국, 우리와 소련 사이에는 아무런 인적, 물적 교류가 없었습니다. 이런 시기에는 강대국들이 어디까지를 자신의 '방어선', 즉 지배권으로 두느냐가 중요했습니다. 동맹이론에서 방기의 위험이 다뤄지는 대목이지요.

하지만 지금은 20세기가 아니고, 지금의 한국 역시 20세기의 한국이 아닙니다. 우리는 한미동맹을 유지하고 있지만, 가장 큰 교역파트너는 미국이 아닌 중국입니다. 미국과 중국의 관계도 마찬가지입니다. 두 나라는 G2라고 불리면서 갈등을 겪지만 각자에게 상대국은 경제적으로 가장 중요한 나라이며, 인적 교류도 그에 준할 정도로 많습니다.

사실 이런 변화를 가장 명백하게 보여주는 건 미국의 트럼프 행정부입니다. 트럼프 대통령은 우리와 일본, 나토에게 천문학적 규모의 방위비분담금을 요구합니다. 트럼프 대통령은 그 동안의 미국 대통령들이 미군을 '엄청나게 부유한 나라들을 방어

하는 데' 썼다고 말합니다. 미국의 중산층들로부터 걷은 세금으로 말이지요. 그는 "나는 미국의 대통령이지, 세계의 대통령이 아니"라고 단호하게 이야기합니다. 트럼프 대통령이 이렇게 주장하는 건 그가 미치광이라서가 아닙니다. 지금의 동맹이 과거의 동맹과는 다르기 때문입니다. 이제 미국은 자신들의 동맹으로부터 배타적인 이익을 보장받지 못합니다. 당장 유럽의 동맹국들은 미국의 잠재적인 적인 러시아와 필수불가결한 인적, 물적 교류를 갖고 있습니다. 트럼프 대통령이 볼 때 동맹을 위해 헌신하는 건 '방어의 의무'만 있을 뿐, 별다른 실익이 없는 행위인 셈이지요. 이런 상황에서 트럼프 대통령은 더 이상 동맹을 최우선 가치로 두지 않겠다고 이야기하고 있는 것입니다. 물론 트럼프는 미국 정치의 이단아이고 기성정치권과는 다른 사고를 하는 사람입니다. 하지만 그가 가진 동맹관은 어느 정도는 현실과 부합합니다. 따라서 트럼프가 아닌 다른 사람이 미국의 대통령이 된다고 해도 이런 현실은 미국의 행위에 꾸준히 영향을 끼치게 될 겁니다.

오히려 한미동맹에서 벗어나야 한다는 주장에 대해 '그럼 중국의 식민지가 되자는 거냐', 혹은 '북한에 나라를 맡기는 위험한 생각'이라고 비판하는 이들이야말로 제국주의 시대, 냉전 시대에 통용될 낡은 인식, 즉 배타적 동맹관에서 벗어나지 못하고 있는 것입니다.

한미동맹에서 벗어나자는 건 미국의 품을 떠나 중국에게 귀의하자는 것이 아닙니다. 이를테면 터키가 그렇습니다. 터키는 세계 최대의 군사동맹인 나토의 가입국입니다. 나토가 공산권에 맞선 서유럽과 미국의 군사동맹이라고 할 때 터키는 최전선에 있던 나라입니다. 지금도 터키의 남동부 공군기지에는 미국의 핵무기가 배치되어 있다고도 하지요. 하지만 터키는 러시아와의 군사협력도 꺼리지 않습니다. 대표적으로 터키는 2019년 들어 러시아제 S-400 지대공 미사일을 도입합니다. 나토 회원국들에게 러시아 무기는 금기와도 같습니다. 첨단 무기는 전체 무기 체계의 꼭대기에 있는 만큼 최신예 전투기나 미사일, 미사일 방어 체계 등은 그 나라 전체의 무기 체계를 규정하는 역할을 합니다.

이야기를 잠깐 옆으로 돌리자면 이런 무기체계의 배타성은 군수자본들이 동맹에 집착하는 이유가 됩니다. 오늘날 대다수의 자본들은 국경과 진영을 넘나들면서 사업을 합니다. 첨단산업일수록 다국적 공급망과 부가가치사슬을 갖고 있습니다. 이들 자본에게는 동맹이 거추장스럽습니다. 하지만 군수자본은 다르지요. 일단 동맹으로 포섭된 나라에서는 배타적 시장이 보장됩니다. 미국의 입장에서도 과거처럼 '팽창주의적 야심으

로 무장하고', '많은 동맹국을 거느린', '핵무기로 무장한' 적은
찾아보기 어렵습니다. 지금의 중국이나 러시아 역시 이런 의미
에서의 '미국의 적'은 아니지요. 하지만 군수자본에게는 이런
'적'이 필요하고 이런 적에 맞선 동맹국에서 배타적 이익을 거
둬들입니다. 그러니 실익을 중시하는 트럼프 대통령이 동맹을
입에 올리는 경우는 단 하나입니다. 바로 첨단 무기를 팔 때입
니다.

다시 터키 이야기로 돌아가 봅시다. 터키가 러시아제 첨단
무기를 도입하는 것은 더 이상 나토에 머물러있지 않겠다는 의
사 표시와도 다름이 없습니다. 하지만 나토 내에서 터키의 축
출을 주장하는 나라들은 거의 없습니다. 유럽 국가들이 진지하
게 터키에 압력을 가할 생각이라면 유럽인에게 "터키에서 휴가
를 보내지 말라"고 하는 것이 더 효과적이라는 농담이 나올 정
도입니다. 그건 터키가 아무리 미운 짓을 하더라도 지정학적
위치를 고려할 때 명목상으로나마 나토의 울타리 안에 두는 게
낫다는 현실 때문입니다. 터키가 본격적으로 러시아 편에 가
담하는 건 유럽이나 미국의 입장에서 도저히 받아들일 수 없는
일이니까요.

나는 우리의 지정학, 지경학이 터키와 그리 다르지 않다고
생각합니다. 우리가 한미동맹에서 벗어난다고 해서 '미국으로

이석기 옥중수상록

부터 버림받을' 가능성은 전혀 없습니다. 이른바 방기의 위험은 그저 낡은 시대가 만들어 낸 상상일 뿐입니다. 오히려 우리가 동맹에서 벗어나 '탈동맹', '중립'의 위치에 서는 것은 우리의 가치를 크게 높여줄 것입니다. 미국이나 중국 모두 우리를 결코 포기할 수는 없을 테니까요.

탈동맹-남북협력의 길

단재 신채호 선생은 〈조선사연구초〉에서 묘청의 난을 '조선 역사상 1천년래 제일 대사건'이라고 평가했지요. 묘청은 12세기 초 고려의 정치인입니다. 당시는 고려의 지배층이 자신의 지배를 공고히 하고 있었던 때입니다. 어느 시대나 그러한 것처럼 지배층이 안정적 지위를 유지한다는 것은 피지배층의 생활이 지속적으로 어려워지는 것을 의미하지요. 고려의 지배층은 대대손손 경제적, 정치적 지위를 유지하면서 문벌귀족이라고 불렸습니다. 묘청은 문벌귀족에 맞서는 신진관료를 대표하는 정치인이었습니다. 그가 서경, 그러니까 지금의 평양 출신으로 동향의 인사들과 함께 '서경파'를 형성한 것도 당시에는 자연스러웠을 것입니다.

　묘청은 문벌귀족을 대표했던 김부식과 대결했는데, 주요 쟁점은 천도와 대금정책이었습니다. 서경 출신이었던 묘청은 문벌귀족이 장악하고 있었던 개경을 떠나고 싶어했습니다. 풍수지리를 이유로 내세웠지만 실제 중요했던 건 수도 주변의 토지를 장악하고 이를 기반으로 금권정치를 펼치는 기득권층으로부터 벗어나려 했던 것이지요. 당시 신흥 강국으로 떠올랐던 금나라와의 관계도 중요한 쟁점이었습니다. 김부식 등은 이전까지 한족이 세운 송나라에 대해 사대적 입장을 취했지만 금나라가 부상하자 이번엔 금나라에 대해서도 상국의 예를 갖추자고 주장했습니다. 묘청은 이에 반대해 인종에게 황제의 호칭을 내세우고 금을 정벌하자고 주장합니다. 이 대결은 모두 알고 있는 것처럼 김부식의 승리로 끝납니다. 승자가 된 김부식은 묘청을 '정신 나간 승려' 쯤으로 내몰고 묘청은 영원히 우리 역사의 이단아가 되고 말지요. 하나 덧붙여 두자면 김부식도 역사의 최종 승리자가 되진 못하였습니다. 묘청의 난이 진압되고 50년이 되지 않아 무신정권이 들어서 문벌귀족들을 몰아냅니다. 그리고 다시 반세기가 흐른 후 고려는 몽고의 침입으로 무너지지요.

신채호가 묘청의 난에 주목한 것은 일제강점기의 식민사관에 맞서 민족정신을 고취하기 위해서였습니다. 신채호는 고대사에서 '낭가(郎家)사상'을 발굴해 이를 고려 중기로 이어옵니다. 여기서 '낭'이란 우리가 보통 '화랑'이라고 부르는 것인데 신채호는 이 제도의 뿌리가 단군조선과 고구려로부터 이어온다고 보았습니다. 서구에서 발전되어 유입된 민족주의를 우리 역사로부터 찾아내려 한 것이지요. 신채호는 묘청의 난을 낭불양가(郎佛兩家) 대 유가(儒家)의 싸움이며, 국풍파(國風派) 대 한학파(漢學派)의 싸움이며, 독립당 대 사대당의 싸움이며, 진취 사상 대 보수 사상의 싸움이라고 생각했습니다. 이 사건 이후 몽고의 침입을 지나면서 유가의 사대주의가 더욱 득세했고,

조선의 창업이 이를 따름으로써 낭가는 완전히 없어지게 되었다는 것입니다. 신채호는 민족의 흥망성쇠란 결국 민족의 정신이 어디로 향하느냐에 따라 결정된다고 보았고 '낭가사상'을 되살림으로써 일제 강점이라는 현실을 극복하는 무기로 삼으려한 것입니다.

신채호 선생의 역사인식을 새삼 복기하는 건 '자기 발로 선 나라'라는 우리의 꿈이 우리 역사에 깊이 내재되어 있는 줄기라는 점을 드러내기 위해서입니다. 우리가 내세우는 '자주'는 곧잘 반미냐 아니냐는 식의 논쟁으로 옮겨갑니다. 반미는 곧 친중이니 그럼 중국을 미국 대신 모시자는 것이냐는 황당한 주장도 나옵니다. 이런 억지 논쟁이 이어지는 건 우리를 중심에 놓지 않고 강대국을 먼저 의식하기 때문입니다. 누가 되었든 대국에 머리를 숙이지 않으면 안 된다는 발상인 것이지요. 신채호 선생이 통렬하게 비판하려 했던 것이 바로 이런 사대주의였습니다.

지배세력의 사대주의는 자기 이익의 추구일 뿐

사대라는 건 사실 자연스러운 감정이 아닙니다. 누가 자신과 우리를 뒤로 한 채 다른 외부의 존재를 따르려고 하겠습니까? 그러니까 지배세력이 사대의 입장을 취하는 건 그만한 이익이

있기 때문이지요. 유학자였던 김부식이 송을 억압하고 패권자
가 된 '야만족의 나라'인 금에 신하의 예를 갖추려 한 건 이를
통해 자신의 기득권을 지키려 한 것이지요. 이후 고려는 원의
지배를 받고 원이 쇠퇴하는 시기에 조선이 건국되면서 사대는
단순한 이익의 추구를 넘어 이념의 위치에 올라갑니다. 중화의
이념에 깊이 침윤된 조선의 지배층은 중국 대륙의 명·청 교체
기에 잠시나마 청과 대립합니다. 하지만 그들은 얼마 안 가 자
신들의 기득권을 그대로 지키면서 이번에는 청을 사대하지요.
일제 강점기의 끝자락까지 미국과 영국을 '귀축(鬼畜)'으로 여
기던 친일파들은 재빨리 태세를 바꿔 미국을 '하늘'로 모시면서
친미파로 변신합니다. 지금에도 우리 사회의 일부 기득권층이
미국과의 '가치 동맹'을 거론하는 건 마치 조선의 사대주의자들
을 떠올리게 합니다만, 장담컨대 이들이 진정으로 그 '가치'를
숭상하는 건 아닐 겁니다.

다른 한 편에서는 무턱대고 자주를 주장하는 것이 현명하지
않다는 비판도 있겠지요. 묘청의 주장처럼 당시 고려가 금을
정벌할 수 있었겠는가를 묻는다면 흔쾌하게 답하기 어려울 수
도 있습니다. 외교적으로는 강대국들과 타협하는 것을 피하기
어려운 사정도 있을 것입니다. 하지만 무엇이 우선이고, 무엇
이 다음인지는 분명히 해야겠지요.

이석기 옥중수상록

당연히 지금 한미동맹에서 벗어나자는 건 미국과 적대하자는 것이 아닙니다. 다만 제 발로 선 나라가 되어서 미국과도 협력하고, 중국과도 협력하며, 북한과도 협력하고 일본과도 협력하자는 주장입니다. 탈동맹은 동맹의 '비용'이라고 할 원치 않는 분쟁으로부터 자유로워지고, 미중 간의 갈등에서 무의미한 보복을 피하며, 무엇보다 대외정책의 자주성을 회복하는 길입니다.

더구나 과거와 달리 지금의 세계에서 한미동맹은 우리에게 별다른 이익을 제공하지 못합니다. 한미동맹은 이제 우리에게 몸을 보호하는 옷이 아니라, 몸에 비해 너무 작아져 불편하기만 한 옷이 되었습니다. 앞서 이야기한 것처럼 우리는 이미 과거의 우리가 아닙니다. 그러니 작고 낡은 옷을 벗고 새로운 옷을 입는 건 너무나 당연한 일입니다.

탈동맹-남북협력의 길

우리가 입을 새로운 옷은 평화와 번영입니다. 평화와 번영이라는 개념은 노무현 정부 시절에 만들어졌습니다. 당시 우리 정부는 동북아균형자론을 통해 미중, 중일 사이의 갈등을 중재하겠다는 포부를 밝혔고, 김대중 정부의 화해정책(햇볕정책)을 한 단계 업그레이드하겠다는 의사를 갖고 있었습니다. 이것이 평화번영 정책으로 만들어진 것이었지요. 당시의 구상은 문재인 정부 들어서 4.27 판문점 선언, 평양선언에서도 반영되었습니다. 북측 역시 흔쾌하게 이런 구상에 공감을 표했습니다.

동아시아는 역사적으로나, 현재적으로나 항상적 분쟁의 불씨를 안고 있습니다. 지역의 역사적 경험은 물론이거니와 현재의 미국과 중국, 중국과 일본, 그리고 남북한, 여기에 북한과 미국을 포함하면 그야말로 만인에 대한 만인의 투쟁이 벌어지고 있는 공간입니다. 이 지역에서 강력한 평화를 구축하려면 평화를 지향하면서도 힘이 있는 나라가 중심을 잡아야 합니다. 노무현 정부가 동북아균형자를 고민했고, 문재인 대통령이 중재자 혹은 촉진자의 역할을 자임했던 것은 충분히 이해할 수 있습니다. 하지만 노무현 정부는 이 정책에서 아무런 성과를 내지 못했고 문재인 정부 역시 아직까지 의도했던 역할을 해내지는 못하고 있지요. 여기엔 한미동맹이라는 족쇄가 놓여있습니다. 우리가 미국의 하위 파트너로 기능하는 한 동아시아에서 평화정착의 중심 역할을 할 수는 없을 것입니다.

평화와 번영은 같이 갑니다. 미중 사이의 갈등이 점차 심화되고 남중국해나 대만 문제, 홍콩 문제에서 미중이 군사적 갈등을 빚는다면 이 지역의 번영이란 있을 수 없습니다. 일본의 군국주의화가 가속되어도 마찬가지입니다. 남북이 군사적으로 충돌하고, 북미가 2017년 이전처럼 일촉즉발의 대결을 이어간다면 그 결과가 어떨 것인지 우리는 이미 알고 있지요. 반대로 이 지역에서 남북의 평화가 정착되고 협력이 가속된다면 어떨까요? 그 동안 우리가 보아왔던 정도, 그러니까 개성공단이나 금강산 관광 정도라면 한반도 내부에 그 영향을 끼치는 정도일 것입니다. 여기서 한 발 더 나아가 남북의 철도가 연결된다면 그 영향은 단순히 한반도에 국한되지 않을 것입니다. 북한이 이 지역의 경제협력 체계에 포함된다면 그 영향의 범위는 더욱 넓어지게 될 것입니다. 남북의 협력은 이처럼 단순히 우리 민족만의 문제는 아닙니다.

순수하게 '돈'의 관점에서 남북화해와 통일을 지지하는 견해도 있습니다. 뉴욕 월가의 대표적 투자은행 골드만삭스는 남북의 경제통합이 이루어진다면 2040년대에는 일본과 독일을 추월할 것이라고 전망했습니다. 1인당 국민소득은 8만6천 달러에 달할 것이라고 봤지요. 골드만삭스의 이런 전망은 박근혜 정부가 '통일대박론'을 주장하는 근거가 되기도 했습니다. 짐 로저스라는 세계적 투자자는 "남북의 통합이 시작된다면 내 전재산을 북한에 투자하고 싶다"고 했지요. 속내가 무엇이건 이들의 주장은 남북의 협력이 가진 가능성에 대해서 직시한 것이라 봅니다.

반면 남북문제를 '2국가 체제'로 보면서 '사이좋게 남남처럼 살자'는 견해도 있습니다. 남과 북이 달라도 너무 다르고, 이를 통합하려하는 것이 더 큰 문제를 낳을 수 있다는 것이지요. 학계에서는 최장집-백낙청 선생이 이런 문제를 놓고 논쟁을 벌이기도 했습니다. 2국가 체제론의 시각에서는 남북이 하나의 체제로 통합된 모습을 한 쪽에 두고, 보통의 국가들이 국경을 맞대고 있는 상황을 다른 한 쪽에 둔 뒤, 후자가 전자보다 낫다고 주장합니다. 하지만 이런 구분 자체가 아무런 근거도 없고 현실과도 크게 다르지요.

지금 남에서든 북에서든 남북을 당장 하나의 체제로 통합하자고 주장하는 이들은 없습니다. 분단이 시작된 지 얼마 되지 않았던 1950년대에는 남북의 모든 이들이 하나의 체제로 통일된 민족국가를 원했습니다. 하지만 대체로 1980년대를 지나면서 남북이 당장 하나의 체제로 통합하자고 하는 주장, 그러니까 분단 이전 상태의 복원을 주장하는 견해는 사실상 없어졌습니다. 2000년에 나온 6.15공동선언에서 "남과 북은 나라의 통일을 위한 남측의 연합제 안과 북측의 낮은 단계의 연방제 안이 서로 공통성이 있다고 인정하고 앞으로 이 방향에서 통일을 지향시켜 나가기로" 한 것이 그것입니다.

2국가 체제론의 다른 한 쪽, 즉 한반도를 보통의 국가들이 국경을 맞대고 있는 상황으로 만들자는 것도 완전히 무책임한 주장이지요. 이런 관점에 선다면 당장 우리는 북한을 상대로 비핵화를 주장할 아무런 명분도 갖지 못합니다. 북한의 핵 능력에 대응해 끊임없이 무기를 사들이고 대규모 군대를 유지하는 데 돈을 써야 합니다. 문재인 정부는 남북관계 개선을 시도하면서도 역대급 국방비를 지출했습니다. 2017년에 40조원이었던 국방예산은 3년 만에 10조원이 늘어나 50조원을 넘겼습니다. 이는 '힘을 통한 평화'라는 믿음에 따른 것인데, 2국가 체제론이 상정하는 "남남처럼 살자"는 말은 결국 이렇게 귀결될 수밖에 없는 것입니다. 이 정도 수준의 분단비용을 계속 지출하는 건 누가 봐도 바보 같은 짓이라고 해야겠지요. 흔히들 독일의 예를 들어 통일비용을 계산합니다만, 분단으로 인한 고통과 비용은 잘 따져보지 않습니다. 분단비용을 계산하는 건 현 체제에 대한 비판이 되기 때문에 그렇기도 하겠지요. 통일비용을 아무리 크게 잡는다고 해도 지금과 같은 분단비용을 영구적으로 지불하는 것과는 비교하기 어렵습니다. 결국 우리에게 평화와 번영을 이루려면 남북협력과 통일이라는 숙명을 피해갈 수 없다는 걸 인정하게 되지요.

선제적 군축에서 시작해야

한반도의 지정학을 바꾸는 데서 가장 중요한 주체는 한국, 즉 우리입니다. 우리가 한미동맹에서 탈피해 남북협력의 방향을 잡으면 주변국들로서는 이를 따라오지 않을 수 없는 국면입니다. 여기에서 가장 중요한 수단이 선제적 군축입니다.

군축은 평화체제로 가는 가장 분명한 길입니다. 2차대전 이후의 냉전을 끝내는 데서도 군축은 중요한 역할을 했습니다. 1980년대 미국과 소련은 여러 차례 군축협상을 했고 1987년 미소 정상회담을 통해 중거리핵무기 폐기 협정에 조인하는 성과를 거뒀습니다. 평화의 반대말이 전쟁이라는 상식을 떠올려보면 군축은 그 자체로 전쟁 가능성을 줄이는 효과를 낳습니다. 반대로 군비를 끊임없이 확장하면서 평화를 거론한다는 건 어불성설이지요.

국방비는 경제적으로도 매우 낭비적입니다. 우리가 분단비용을 추산할 때 가장 먼저 꼽히는 것이 국방비입니다. 2016년 스톡홀름 평화연구소의 발표에 따르면, 국방비 1원을 투입했을 때의 부가가치가 스웨덴은 2.3, 미국은 1.8인데 한국은 0.7이라고 하지요. 평화 윤리의 관점을 떠나 자본주의적 손익만 따져도 한국은 국방비로 부가가치를 창출하는 것이 아니라 그저 외국 무기 도입에 허비하고 있다는 뜻입니다. 그 돈을 벌어가는 건 물론 미국의 방위산업체이구요. 사람의 경우는 어떨까요? 우리의 인구 1천 명 당 현역 군인 수는 14명에 달합니다. 자국 영토에서 쿠르드 민병대와 싸우고, 시리아 내전에도 참여하고 있는 터키가 8명입니다. 순전히 자본주의적 시각에서도 이처럼 노동력을 낭비하는 것이 결코 좋은 정책은 아닐 것입니다.

문재인 정부는 평화번영정책을 공식화하고 있지만 실제의 행동에서는 거꾸로 가고 있습니다. 분단의 비용을 줄이기는커녕 오히려 늘리고 있지요. 2019년 국방예산은 46조7천억 원에 달했는데 이는 직전 해보다 8%이상 증가된 것이었습니다. 이명박, 박근혜 정부의 두 배 수준이지요. 지금 이런 수준으로 국방비를 올리는 나라는 OECD 가입국 어디에도 없습니다.

정부는 북한의 위협에 대응한다는 명분으로 선제타격체제(kill chain), 한국형 미사일 방어체계(KAMD), 대량 응징보복(KMPR) 등 이른바 3축 체계 전략이라는 것도 추진하고 있습니다. 이런 데 들어가는 비용이 해마다 5조 원 이상이 됩니다. 이런 전략이 실효성이 있는지도 의심스럽지만, 이는 문재인 정부가 북한과 합의한 판문점 선언에 위배되는 것이기도 합니다. 남북은 "쌍방은 어떠한 수단과 방법으로도 상대방의 관할 구역을 침입 또는 공격하거나 점령하는 행위를 하지 않기로"한 바

있지요.

정부가 내세우고 있는 명분은 이른바 '자주국방'입니다. 그동안 주한미군이 담당해왔던 전력을 우리 군 자체적으로 보충해야 한다는 생각이지요. 전시작전권을 돌려받으려면 그 정도는 되어야 한다는 게 정부의 정책인데다가, 미국 역시 한국군의 단독 임무수행능력 평가라는 명분을 내세워 군비증강을 부채질합니다. 하지만 이는 착시입니다. 앞서 설명한 것처럼 주한미군은 남북 사이의 군사적 균형을 위해 주둔한 군대가 아닙니다. 주한미군은 중국을 견제하면서 동아시아에서의 패권을 유지하는 수단이었습니다. 이처럼 미국을 따라잡아야 '자주국방'이 가능하다는 건 황당한 구상일 뿐입니다. 이런 목표라면 아무리 돈을 퍼부어도 결코 목표에 도달할 수 없겠지요. 더구나 이미 우리는 북한에 비해 충분한 군사력을 보유한 상태입니다. 지금 필요한 것은 밑 빠진 독에 물 붓기 식의 자주국방이 아니라, 평화체제로 가는 필요최소한의 군사력과 남북한의 군사적 신뢰를 쌓기 위한 협력입니다. 이건 이미 남북 사이의 합의에 구체적으로 명기된 것이기도 합니다.

세간에서는 통일비용이라는 표현을 써가며 통일에 큰돈이든다는 인식이 많습니다. 2018년 판문점 회담 이후 통일비용이 과연 얼마인가를 놓고 여러 연구기관들이 경쟁적으로 입장을 내놓은 적이 있습니다. 금융위원회는 산업은행과 함께 20년 동안 540조원이 들어간다고 추산을 했습니다. 민간기관인 현대경제연구원은 10년에 800조원, 국회 예산정책처는 10년간 2천300조원을 거론했습니다. 하지만 이런 추산은 대개 북한의 인프라개발을 위한 자금을 추정한 것입니다. 완전히 자본주의적 셈법으로 따져도 이런 돈은 '투자'라고 부르지, '비용'이라고 부르지 않습니다. 더구나 우리 사회에는 투자처를 찾지 못해 떠도는 유휴자금이 이미 1천조 원이 훌쩍 넘습니다. 실체도 불분명한 통일비용보다 눈앞의 분단비용을 줄이는 것이 더 필요한 일입니다.

미국은 흔히 한미동맹을 이 지역의 안정을 위한 린치핀 (linchpin)이라고 말합니다. 하지만 나는 한미동맹 대신 탈동맹-남북협력이 이 지역의 평화와 번영을 위한 린치핀이 될 것이라 믿습니다. 남북이 협력해서 하나의 경제공동체를 이룰 수 있다면 그 규모는 8천만 명이 넘게 됩니다. 이 정도면 자립적인 내수 기반을 갖출 수 있는 시장입니다. 세계경제의 파동에 따라 늘 휘청거려야 하는 우리의 처지에서 이런 내수 시장은 그야말로 다시 없는 기회가 될 것입니다.

남과 북의 체제가 달라 이런 시너지를 낼 수 없다는 것도 사실과 다르지요. 이를테면 중국과 홍콩은 여러 면에서 다르지만, 홍콩의 중국 편입 이전에도 엄청난 규모의 협력이 이루어졌습니다. 중국과 대만도 마찬가지입니다. 평화와 협력의 원칙만 자리잡는다면 서로 다른 제도를 존중하면서도 얼마든지 큰 폭의 시너지를 만들어 낼 수 있지요.

남과 북이 협력한다면 중국도, 일본도, 미국도 이를 무시하고 일방주의로 행동하지 못할 것입니다. 우리는 평화에 관한 한, 협력에 관한 한 이 지역에서 확고한 주도권을 가질 수 있는 유일한 세력이기 때문입니다. 무엇보다 이것은 우리 민족의 숙원이라고 할 자기 발로 선 당당한 나라의 꿈을 실현하는 길입니다.

경제의 중심은
민중의 삶

경제가 우리의 삶에서 차지하는 비중이 크다는 건 새삼 강조할 필요가 없지요. 우리는 식민지 시기와 한국전쟁을 겪은 가난한 나라에서 출발해 지금은 세계에서 손가락 안에 드는 나라가 되었습니다. 지금 젊은이들은 우리가 선진국이거나 최소한 선진국 문턱에 와 있는 사회라고 생각할 것입니다. 하지만 내가 태어났을 때에 한국은 후진국이었고, 그 이후엔 개발도상국이라고 불렸습니다. 이른바 '선진국들의 클럽'이라고 불리는 OECD에 우리가 가입한 것이 1996년이었으니 우리가 지금과 비슷한 수준에 올라선 건 아무리 길게 잡아도 20년 정도겠지요.

　우리가 후발국들 중에서 빠른 성장을 이룩한 비결이 무엇일까 하는 것은 학계와 정치권에서 늘 논쟁이 되어왔습니다. 아직도 우리 사회의 많은 사람들은 박정희 정권이 경제성장에서 꽤 기여를 했다고 생각하고, 비록 독재가 나쁘기는 하지만 경제성장에서는 도움이 된다고 생각하는 듯합니다. 박근혜 정부가 탄생한 데에도 이런 선입견이 큰 역할을 했을 것입니다. 이른바 '개발독재론' 같은 분석들이 이런 선입견을 강화하는 데 기여하고 있기도 하지요. 하지만 이는 명백한 '거짓 신화'입니다.

　이 글에서 나는 숫자로 된 경제지표보다는 내가 살아온, 그리고 나의 주변 사람들이 살아온 것을 토대로 우리가 걸어온 길을 살펴보려고 합니다. 경제가 거론될 때면 등장하기 마련인

통계수치는 나름의 진실을 담고 있겠지만 그것만으로 충분하지는 않고, 무엇보다 민중의 입장에서, 그러니까 '살림살이'의 관점에서 경제를 보는 데는 한계가 있기 때문입니다.

평등한 토지 소유는 경제발전의 초석

2차 대전이 끝나고 많은 나라들이 식민지에서 벗어나 독립국가를 이뤘을 때 우리만큼 가난한 나라들은 많았습니다. 지금 선진국이라고 불리는 나라들, 이 나라들은 사실 2차 대전 이전에도 선진국인 경우가 대부분이었고, 또 식민지를 강탈하기 위해 전쟁을 일으켰던 나라들이기도 합니다. 그러니까 전쟁이 막 끝났을 때, 세계는 전쟁 이전과 마찬가지로 매우 불평등한 상태였던 것이지요. 이렇게 많은 가난한 나라들 사이에서 우리는 매우 눈에 띨 정도로 커다란 변화를 만들어냈습니다.

이런 후진국들의 초기 조건을 비교해 경제성장의 요인을 분석한 학자들에 따르면 출발조건, 그중에서도 토지 소유 불평등과 교육 수준이 가장 중요하다고 합니다. 토지 소유가 평등한 나라, 교육 수준이 높은 나라가 경제 발전에서 큰 성과를 거뒀다는 것입니다. 이 중에서 교육 수준이 경제에 끼치는 영향은 모두가 다 알고 있는 것이지요. 하지만 평등한 토지 소유의 문제는 그리 잘 알려져 있지 않은 듯합니다.

이석기 옥중수상록

사실 이건 전혀 어려운 문제가 아닙니다. 대다수의 농민이 땅 한 뙈기 없는 소작농 신세라면 이들의 자식들이 교육을 충분히 받는다는 건 애초에 불가능한 일이니까요. 내가 대학을 다니던 시절 대학은 '우골탑'이라고 불렸습니다. 대학이 상아탑으로 불리던 시절인데 이를 풍자해 '소뼈를 쌓아서 만든 탑'이라고 부른 것입니다. 예나 지금이나 교육에는 상당한 돈이 듭니다. 나의 친구들은 대개 농촌에서 올라온 사람들이었는데, 한 집안에서 자식을 대학까지 보내려면 만만찮은 희생을 치러야 했습니다. 1980년대엔 고등학교를 졸업한 학생들의 30% 정도가 대학에 진학할 수 있었고 이들의 부모는 소를 팔고, 땅을 팔아 등록금을 댔습니다. 가족 구성원들 중에서 특히 여성들이 희생을 치렀다는 것도 잊지 말아야 할 대목입니다.

인구의 대다수가 농민이었던 시기에 평등한 토지 소유는 참으로 중요한 문제입니다. 농업사회에서 땅은 가장 중요한 생산수단입니다. 땅이 없으면 열심히 일한다고 해도 지대를 내느라 오직 자신의 입에 풀칠을 할 수 있을 뿐 내일을 위한 투자를 할 수 없습니다. 자식을 대학에 보내는 대신에 농사일을 시키는 건 부모가 게을러서거나 자식을 사랑하지 않아서가 아니지요. 땅을 팔고, 소를 팔아 자식을 가르쳐야 하는데, 땅이 없고 소가 없다면 방법이 없을 테니까 말입니다.

해방이 되고나서 농지개혁, 그러니까 대토지를 소유한 지주들에게서 땅을 빼앗거나 사들여 소작농에게 나눠주는 일은 정치권의 공동 공약이었습니다. 당시는 사회주의에 대한 지지가 매우 높았고, 북한에서 이루어진 토지개혁의 영향도 있었습니다. 농지개혁이 예상되는 조건에서 땅값은 떨어질 수밖에 없었겠지요. 그러니 소작농이 지주로부터 땅을 사들이는 것이나, 정부가 땅을 유상으로 몰수하는 것은 그리 어려운 일이 아니었습니다. 결과적으로는 해방 직후 대한민국은 다른 나라들에 비해 상당히 평등한 자작농의 나라가 되었습니다. 이런 변화는 자연스레 높은 교육열로 이어졌고, 우리는 비슷한 조건의 제3세계 나라들에 비해 좋은 조건을 갖게 된 셈입니다.

농지개혁과 같은 생산수단의 재분배는 경제 성장에 매우 중요한 영향을 끼칩니다. 땅을 많이 가진 사람은 노동을 하지 않아도 돈을 법니다. 돈이 돈을 버는 구조입니다. 하지만 지주들이 벌어들이는 돈이란 사실 뭔가를 만들어내서 얻는 것이 아닙니다. 반면 땅을 빌려 농사를 짓는 사람들은 자신들이 생산해낸 것에서 일부분을 땅 값으로 떼어줍니다. 이렇게 떼어주는 돈은 결코 정해진 것이 아닙니다. 많이 생산한다면 많이 떼어가기 마련이고, 해가 거듭하면 결국 소작농이 먹고 살 만큼만 남기고 가져가게 되지요. 21세기 서울에서 건물 임대료가 보이

이석기옥중수상록

는 양상과 똑같습니다. 어떤 지역의 상권이 활성화되면 그때까지 그 곳에서 장사를 하던 소상인들은 점차 외곽지역으로 밀려나갑니다. 상권을 활성화시킨 건 자신들인데, 그 결과는 임대료의 폭등이지요. 농촌에서의 지주—소작 관계가 이와 마찬가지였습니다. 한 쪽은 가만히 앉아서 큰 돈을 벌어들이고, 다른한 쪽은 열심히 일할수록 점점 더 많이 내놓아야 한다면 어떻게 되겠습니까? 이건 사회정의 차원에서도 문제이지만, 경제적으로도 큰 문제입니다. 소수의 지주를 제외하면 아무도 미래를 위한 투자, 그러니까 자식 교육이나 새로운 영농 기술 도입을 할 수 없게 됩니다.

우리는 어떤 사람의 재산을 결코 손댈 수 없는 '자연권'으로 생각하는 데 익숙합니다. 하지만 불과 70년 전 우리 선배들은 그리 생각하지 않았습니다. 오히려 땅은 자연의 산물이며 누가 이를 독식하는 건 정의롭지도 효율적이지도 않다고 생각하였습니다. 그러니 유상이건 무상이건 땅을 '빼앗아' 실제 농사를 짓는 이들에게 나누어줄 수 있다고 생각한 것입니다. 이런 정신은 지금의 헌법에도 '경자유전(耕者有田)'이라는 이름으로 남아있습니다. 이런 발상이라면 집은 실제 사는 사람의 것이고, 건물은 이를 활용하여 사업을 하는 사람의 것이라고 생각하는 것도 전혀 이상할 것이 없지요. 아마도 기득권세력이 들으면 당장 불온한 공산주의의 딱지를 붙이겠지만 말입니다.

우리의 살림을 바꾼 노동자대투쟁

나는 1960~70년대의 경제성장에서 농지개혁과 교육이라는 요인을 가장 크게 보지만, 그렇다고 정부가 했던 일, 기업가들이 했던 일에 대해 과소평가하지는 않습니다. 한국 정부는 경제 정책에서 상당한 리더십을 발휘했습니다. 수출 주도 정책이나 1970년대의 중화학공업화는 내부적으로 큰 희생을 동반한 것이었지만 그렇다고 민중의 피땀을 모아 사치로 날려버리기만 한 것은 아니었습니다. 지금 우리 경제에서 큰 역할을 하고 있는 기업들이 이런 과정을 거쳐 만들어졌지요.

하지만 여기서 생각해 볼 것은 몇 가지가 더 있습니다. 우선 이런 정책들이 박정희씨의 '혜안'에서 나온 것은 아닙니다. 박정희 정부는 다른 제3세계 정부들이 그러했듯이 여러 정책 사이에서 오락가락했고, 정부부패를 바로잡는 데도 별다른 성과를 거두지 못했습니다. 민중의 정치세력화가 억압된 상황에서, 기업가들이나 지주들 역시 사회세력으로서 자기 목소리를 내지 못한 시기에 정부는 유일하게 주도권을 가진 경제 주체였습니다. 박정희 정권의 재임 기간이 18년으로 워낙 길다보니 이 시기에 이루어진 경제 성장이 모두 그의 '덕분'인 것처럼 생각하는 건 착시지요.

사실 더 크고 본질적인 문제는 이렇게 성장한 경제는 과연 누구를 위한 것이었냐는 질문입니다. 지금 와서 경제는 복잡한 논리와 수식, 통계로 설명되지만 원래 경제는 '살림'의 문제입니다. 사람이 살아가는 데서 생겨나는 문제를 풀기 위한 것이 경제입니다. 매년 GDP가 몇 % 성장하느냐가 언론에서 중요하게 다뤄집니다만, 그렇게 성장하면 누구의 삶이 바뀌는가는 묻지 않는 것이지요. 그런 측면에서는 박정희 정권 시절의 경제성장은 좋은 평가를 받기 어렵지요.

여기서 중요하게 보아야 할 계기가 1987년 6월 항쟁 이후 노동자들이 벌인 파업입니다. 6월 항쟁을 통해 전두환 정권이 뒤로 물러나고 사회에는 민주화 바람이 불었습니다. 전국의 노동자들은 때를 놓치지 않고 노동조합을 만들어 변화를 요구했습니다. 그 이전까지는 노동조합은 빨갱이고, 노동자는 시키는 대로 일하는, 그야말로 '말을 하는 기계' 취급을 받았습니다. 당시 대기업 공장에서는 두발이나 복장까지 통제할 정도였지요. 하지만 민주화는 이를 바꾸었습니다. 6월 항쟁의 뒤를 이어 노동자들의 대투쟁이 폭발한 것은 당연했습니다.

당시 노동자들은 무려 200%, 300%의 임금 인상을 요구했습니다. 더 놀라운 것은 이런 요구가 받아들여졌다는 점입니다.

어느 날 갑자기 월급이 두 배, 세 배로 올랐습니다. 그런데도 회사가 망하기는커녕 잘 돌아갔지요. 다시 말하면 노동조합이 생기기 직전까지 회사는 엄청난 폭리를 취하고 있었던 것입니다. 아마 노동조합이 없고, 파업이 없었다면 이런 현실은 계속 되었을 겁니다.

1988년에는 노동조합 조직률이 20%까지 올랐습니다. 그 결과가 높은 임금인상이었음은 말할 것도 없겠지요. 우리 사회에서 이른바 '마이카' 시대, 아파트 시대가 열린 것이 이때입니다. 드라마 '응답하라 1988'은 이런 변화들을 세심하게 다루기도 했지요. 아무튼 노동조합이 생기고, 그 전까지는 자본가들이 독식하던 이윤이 아래로 분배되자 실제 생활에서 변화가 생겨납니다. 경제가 '살림'의 문제라고 한다면 '살림'을 변화시킨 건 노동자들 스스로의 힘이었습니다.

지배세력들은 걸핏하면 경제는 경제논리에 맡겨야 한다거나 시장에 맡겨야 한다고 주장합니다. 이때 말하는 경제논리나 시장은 이른바 '보이지 않는 손'이겠지요. 글자 그대로 그냥 내버려 둘 때 가장 좋다는 것입니다. 그러나 경제를 그냥 내버려 두면 그 결과는 빈익빈부익부입니다. 가난한 사람은 더 가난해지고, 부자는 더 부자가 됩니다. 이것은 경험적으로도 충분히 확인이 되지요. 논리적으로도 이런 주장은 성립하지 않습니다.

지배세력들은 경제와 시장의 주체를 기업가라고 생각합니다. 하지만 경제나 시장에는 기업가만 존재하는 것이 아닙니다. 전체 GDP의 1/3을 움직이는 정부가 있고, 모든 생산에 관여하는 노동자들이 있습니다. 이들의 발언권은 무시하고 그저 기업가들의 말만 중요하게 생각한다면 그것은 시장이 아니라, 자본가 독재라고 불러야 마땅할 것입니다.

나는 우리가 지금 수준의 '살림'을 영위하기까지 가장 중요했던 두 가지의 계기가 해방 후의 농지개혁과 1987년의 노동자 대투쟁이라고 생각합니다. 이 두 가지 사건은 우리의 삶을 바꿨습니다. 이 두 가지 사건의 배경에는 팽팽하게 부풀어 오른 진보적 압력과 이를 실제 현실에 적용했던 진보적 정치인들과 조직된 노동자들이 있습니다. 그러니 우리의 삶이 저절로 바뀌는 것은 결코 아닙니다.

IMF 이후 20년, 이젠 지속불가능하다

이제 오늘의 경제 현실을 살펴봅시다. 해방 이후 지금까지 우리는 내일이 오늘보다 나을 것이라고 생각해왔습니다. 할아버지 할머니의 삶보다 아버지 어머니의 삶이 더 나았고, 아버지 어머니의 삶보다 우리의 삶이 더 나을 것이라 믿어왔던 것이지요. 하지만 지금 청년 세대는 이렇게 생각하지 않습니다.

아버지 어머니의 삶보다 더 나아지기 어렵거나 혹은 후퇴할 수 있다고 느낍니다. 실제로 2010년대 후반 들어 청년실업은 최고조로 치솟았고, 연애·결혼·출산을 포기했다는 의미에서 나온 '삼포세대'는 집과 경력을 포함한 '오포세대'로, 희망 혹은 취미와 인간관계까지 포기한다는 '칠포세대'라는 말로 바뀌었습니다. 그야말로 'N포세대'라고 불러야 할 정도지요. 왜 이렇게 되었을까요?

어떤 사람들은 이걸 저성장 때문이라고도 하고, 저출생 때문이라고도 합니다. 이제 선진국이 되었으니 과거처럼 높은 수준의 성장은 불가능하다고도 하고, 여성이 사회의 주인으로 나선 것의 결과로 저출생이 빚어졌으니 그 때문이라고도 하지요. 나는 우선 1987년의 노동자대투쟁 이후 우리 사회가 걸어온 길을 짚어봐야 한다고 생각합니다. 어떤 대규모의 사건이 벌어지면 그 후폭풍이 있기 마련입니다. 우리 사회가 1987년 노동자대투쟁이 만들어 낸 분배 개선 추세에서 돌아선 것은 1997년 IMF 사태였을 것입니다.

IMF 사태는 우리 사회에 깊은 상처를 남겼습니다. 무엇보다도 벌거벗은 자본주의적 경쟁을 하나의 '표준'으로 받아들이게 된 것이지요. 멀쩡하던 회사가 망하고 거리로 나앉게 되자 믿을 것은 나 하나뿐이라는 생각이 널리 퍼졌습니다. IMF 이전까지만 해도 부자는 은근한 부러움의 대상이었지 존경의 대상은 아니었고, 심지어 스스로 자랑할 일도 아니었습니다. '돈벌레' 라는 말은 경멸조로 쓰였습니다. 하지만 IMF 이후 몇 년이 채 되지 않은 2001년 한 카드 회사는 여성연예인이 활짝 웃으면 서 '부자되세요'를 외치는 광고를 내보냈고 크게 히트를 했습니 다. 이제 '부자'라는 말은 자신의 능력을 입증하는 단어가 되었 습니다.

같은 일을 하는 사람들의 임금 격차가 커지고, 대기업의 임 원들이 놀라울 정도의 연봉을 받고, 무엇보다 집값이 오르기 시작했습니다. 경제가 성장하고, 인구가 늘어나면서 물건이나 자산의 가격이 오르는 것은 자연스럽습니다. 하지만 지금도 우 리가 목격하고 있는 것처럼 물가는 거의 오르지 않았고, 실질 임금은 20년 전과 크게 다르지 않은데 집값만 천정부지로 오르 는 것은 정상이 아니지요. 이렇게 20년을 보내고 나니 이제 사 회에 막 나온 청년들은 이것저것을 하나씩 포기하고 'N포세대' 가 될 수밖에요.

물론 우리는 그럭저럭 지난 20년을 살아왔습니다. 여기에 는 두 가지의 비밀 아닌 비밀이 있습니다. 하나는 한 가족 내에 서 일하는 사람이 여러 명이 되었다는 것과 다른 하나는 모두 가 빚을 졌다는 것입니다. 노동자들의 실질임금이 거의 오르지 않았는데도 우리가 살아올 수 있었던 건 '맞벌이' 덕분이었습니다. 혼자 벌어서는 가족을 지탱할 수 없었으니까요. 또 하나는 빚이 크게 늘어난 것입니다. 개인들이 빌린 돈은 대개는 집에 들어갔습니다.

월급이 늘어나는 것보다 집값이 뛰는 것이 더 빠른 세상에서는 누구나 가능하기만 하면 집을 삽니다. 부자는 남는 돈으로 집을 사고, 이렇게 집값이 오르는 걸 보고 중산층은 빚을 내서 집을 삽니다. 그러면 또 집값이 오르지요. 2008년 금융위기 이후처럼 경제 침체가 와서 집값이 떨어지면 정부가 나서서 건설경기 부양이라는 이름 하에 집값이 오를 수 있도록 부채질을 합니다. 집값이 너무 뛴다 싶으면 여러 가지 규제 방안을 내놓지만 이미 집값이 오르는 걸 본 중산층과 서민들은 어떻게든 '막차'라도 타려고 아등바등합니다. 그 결과가 '조물주보다 센 건물주'입니다.

2019년 한국은행 조사에 따르면 현 정부 들어서도 순자산 상위 20%의 자산은 1년 전보다 3.5% 늘었다고 합니다. 하위 20%는 3.1%가 줄어들었고요. 소득주도 성장 정책을 표방한 덕에 소득불평등은 다소나마 줄어들었는데도 말입니다. 자연히 자산의 쏠림 현상도 커졌습니다. 상위 10%는 전체 순자산의 43.3%를 소유하고 있는데, 이는 한 해 전에 비해 1%포인트

이석기 옥중수상록

늘어난 것입니다. 이런 추세라면 몇 년 안 가서 상위 10%의 사람들이 전체 순자산의 50%를 넘게 소유하게 될 것입니다.

사실 여기서 말하는 자산은 대부분 부동산입니다. 부동산, 특히 땅은 사람이 만들어낸 것이 아닙니다. '내 땅'이라고 하지만 그 땅은 내가 태어나기 전부터 있었던 것이지요. 땅값이나 집값이 오른다고 해서 무슨 좋은 효과가 있는 것도 아닙니다. 그 돈으로 공장을 짓고 사람을 고용해 일을 했다면 새로운 물건이나 서비스라도 생겨나겠지만 땅과 집은 그저 그대로일 뿐입니다. 이렇게 아무 의미 없는 곳에 돈을 넣기 위해 대출을 하고, 이자를 갚기 위해 허리띠를 졸라맵니다. 집이 없는 사람들은 날로 올라가는 전세와 월세를 내기 위해 절약을 강요받습니다. 이건 해방 직후에 우리가 토지개혁을 해야 했던 바로 그 상황과 하나도 다르지 않습니다.

모든 가족구성원이 돈을 벌기 위해 뛰고, 한도까지 빚을 내서 버티는 경제는 결코 지속가능하지 않습니다. IMF 이후 우리는 20년간 이런 방향으로 뛰었습니다. 언젠가는 좋아질 것이라고 믿고, 혹은 이명박 정부가 입버릇처럼 외치던 '낙수효과'를 기대하면서, 혹은 로또 같은 요행수가 한 번쯤은 생겨날 것을 기원하면서 말입니다. 하지만 이제는 우리 모두가 알게 되었습니다. 이렇게는 더 이상 버틸 수 없다는 걸.

우리는
같은 출발선에
서 있나

조국 전 법무부장관의 임명을 둘러싼 논란은 우리 사회에 여러 가지 울림을 주었습니다. 일단 조 전 장관이나 그 가족이 법을 어긴 점이 있는지, 혹은 검찰이 자신의 권력을 활용해 대통령의 장관 임명을 가로막으려 했는지, 나아가 이 문제로 생겨난 여론이 각 정당들에 무엇을 남겼는지는 이 글에서 다루지 않으려고 합니다. 빠르게 돌아가고 있는 현실이 각각의 문제들에 대해서는 대답을 만들어 줄 테니까요.

내가 깊이 생각해 본 것은 청년들이 제기한 문제였습니다. 비정규직 청년들이 주축이 된 노동단체인 〈청년전태일〉은 "조국 (당시) 후보자의 딸과 나의 출발선은 같습니까?"라는 질문을 던졌지요. 이 질문을 생각하다보면 자연스레 "기회는 평등할 것입니다. 과정은 공정할 것입니다. 결과는 정의로울 것입니다"라는 말이 떠오릅니다. 문재인 대통령이 2012년 대선에서 내세웠고, 지금 정부에서도 중요하게 생각하고 있는 슬로건입니다.

정의란 무엇인가

100미터 달리기를 생각해 봅시다. 평등한 기회라는 건 모두가 같은 출발선에서 뛰기 시작해야 한다는 의미일 것입니다. 누구는 앞에서 출발하고 누구는 뒤에서 출발한다면 아무도 이런 경기에 참여하려 하지 않겠지요. 공정한 과정이란 100미터를 달려가는 동안 반칙이 없어야 한다는 뜻일 겁니다. 앞 사람의 발을 걸거나, 혹은 심판이 개입해 실격 판정을 남발하지 않아야 공정하다는 말을 들을 수 있습니다. 결과의 정의는 무엇일까요? 1등으로 들어온 사람에게 1등이 주어지고, 꼴찌를 한 사람에게 꼴찌라는 걸 확인시켜주는 것만이 정의는 아닐 겁니다. 만약 1등에게 모든 상품을 몰아주고, 2등부터 꼴찌까지는 아무 것도 주어지지 않는다면 이건 정의로운 것이 아니지요. 평등한 출발선과 반칙 없는 과정이 있었다고 하더라도 만약 결과가 지나치게 커다란 격차를 만들어낸다면 '정의'라고 말하긴 어려울 겁니다. 1등과 꼴찌의 보상이 크고 작음이 있다고 하더라도 어느 정도는 수긍할 정도가 되어야 다들 흔쾌한 마음으로 100미터 달리기에 참여할 수 있을 겁니다. 이것이 정의입니다.

100미터 달리기처럼 간단한 경기라면 기회−과정−결과를 모두 평등하고 공정하며 정의롭게 운영하는 건 그리 어렵지 않을 것입니다. 하지만 우리가 살아가는 게 이렇게 간단하지는 않지요.

이를테면 학교 현장에서 확인되는 비정규직 기간제 교사와 정규직 교사의 차별을 생각해 봅시다. 다른 직업과 마찬가지로 교사들도 여러 가지 이유로 휴가를 쓰거나 휴직을 하게 됩니다. 기간제 교사들은 이때 정규직 교사를 대신해서 수업과 학생 지도를 맡게 됩니다. 만약 기간제 교사들과 정규직 교사들의 수업 능력이나 학생 지도 능력이 현격한 차이를 보인다면 당장 학생들과 학부모들이 가만히 있지 않겠지요. 하지만 이런 일은 별로 없는 듯합니다. 학생들의 입장에선 기간제 교사든, 정규직 교사든 그저 '선생님'이고 학부모들도 비슷하게 생각합니다. 이렇게 실제 하는 일이 같고, 그 결과도 같지만 기간제와 정규직 교사들의 처우는 크게 차이가 납니다. 당장 이런 반론이 나올 것입니다. 만약 기간제 교사가 정규직의 대우를 받고 싶다면 '임용고시'에 합격하면 된다, 시험에 합격하지 못해 기간제 교사를 하는 것이니 급여나 복지에서 차별을 감수해야 하는 것 아니냐고 말입니다. 누구나 시험에 응시할 수 있고(평등한 기회), 채점에서 특별한 부정이 없으니(공정한 과정) 이 정도의 차별은 정의로운 것일까요?

다른 현장을 예로 들어봅시다. 자동차를 만드는 공장에서는 왼쪽 바퀴는 정규직이 조립하고, 오른쪽 바퀴는 비정규직이 조립한다는 말이 있습니다. 사내하청이라는 이름으로 하청회사 소속 노동자들이 원청회사 현장에 들어와 거의 같은 일을 하고 있다는 의미지요. 바퀴 조립이라는 똑같은 일을 하는데도 정규직과 비정규직의 처우는 크게 다릅니다. 이건 정의롭다고 할 수 있을까요?

아마 상당수의 사람들은 학교에서의 차별은 어느 정도 공감하지만, 자동차 공장에서의 차별은 문제가 있다고 느낄 것입니다. 앞의 경우는 시험이라는 '공정한 과정'의 결과니까 수긍해야 한다는 것이겠지요. 하지만 '일'이라는 걸 중심에 놓고 보면 학교에서건 자동차 공장에서건 차별적 대우가 있어야 할 이유는 찾기 어렵습니다. 똑같은 산출물을 만들어내고 있으니까요.

이런 관념, 그러니까 시험에 합격할 수 있는 '능력'을 가진 사람은 그렇지 않은 사람에 비해 더 많은 몫을 차지해도 괜찮다는 생각을 능력주의(Meritocracy)라고 부릅니다. 시험은 실력을 통해 인재를 가려내는 시스템이고 이건 신분이나 성, 재산으로 엘리트를 선별하는 시스템보다 낫다는 것이지요. 능력이 있고 노력하면 누구나 성공할 수 있다는 말은 그럴듯하게 들립니다. 같은 출발선에서 100미터 달리기를 했다면 1등에게 꼴찌보다 더 많은 몫이 돌아가야 한다는 것이니 쉽사리 반박하기도 어렵지요.

하지만 이건 두 가지의 전제가 있을 때만 가능합니다. 하나는 정말로 같은 출발선에서 뛰어야 한다는 점과, 다른 하나는 그렇다고 하더라도 단 한 번의 달리기로 모두를 줄 세우는 건 결코 정의로울 수 없다는 것입니다.

개천에서 용이 날 수 없는 사회

이제 문 대통령이 내놓은 "기회는 평등할 것입니다. 과정은 공정할 것입니다. 결과는 정의로울 것입니다"라는 말로 돌아가 봅시다. 평등(Equality), 공정(Fairness), 정의(Justice)는 모두 중요한 원칙입니다. 이 중에서 아마 우리 사회가 그나마 조금이라도 진보한 것은 '공정'함일 것입니다. 2002년 대통령선거에서 노무현 대통령은 '반칙 없는 사회'를 만들자고 주장했습니다. 반칙, 그러니까 누구는 잘못해도 처벌받지 않고 누구는 사소한 잘못에도 송두리째 삶을 부정당하는 일은 없어야 한다는 것이었지요.

권력자와 고향이 같아서 출세한다든지, 여성이라는 이유로 아예 기회가 봉쇄된다든지, 뇌물을 바치고 이익을 도모하는 것과 같은 행위는 확실히 과거에 비해 줄어들었습니다. 이른바 '절차주의'가 확립된 것이지요. 특히 공공부문에서는 절차를 지키지 못하면 어떤 결정도 효력을 갖지 못할 정도가 되었습니다. 여전히 반칙이 있고 이것이 사회문제가 되고 있지만, 과거에 비해선 어찌되었건 나아지는 방향이라는 의미입니다.

하지만 평등과 정의라는 가치의 방면에서는 오히려 상황이 계속 나빠지고 있습니다.

퀴즈를 하나 내 보겠습니다. 여러분은 어떤 기업에서 임원과 비숙련노동자, 그러니까 비정규직 노동자의 임금 차이가 몇 배 정도 되는 것이 적절하다고 느끼나요? 그리고 실제로 몇 배일 것 같습니까? 2012년에 실제 이런 조사가 있었습니다. 미국 하버드경영대학원의 마이클 노튼, 태국 츄라롱콘 대학의 소라팝 키앗퐁산 교수가 진행한 연구인데요, 이 조사에서 미국인들은 CEO가 비숙련노동자의 6.7배를 받는 것이 적당하지만 아마 30배를 받고 있을 것이라는 응답했지요. 그러니까 자신이 생각할 때 6.7배 정도면 '정의'에 부합하지만, 세상이 그리 정의롭지 않으니 아마 30배 정도 될 것이라고 짐작한 것이지요. 실제는 어땠을까요? 미국의 CEO들은 비숙련노동자들의 350배를 벌고 있었습니다.

이 조사에는 한국이 완전하게 포함되어 있지 않습니다. 다만 여러모로 미국과 '비슷한' 분위기인 우리나라에서도 실제 조사가 이루어졌다면 비슷한 결과가 나왔으리라 짐작합니다. 삼성전자의 고위급 임원이 삼성전자의 비숙련노동자에 비해 몇 배나 더 벌고 있는지 검색해보면 알 수 있는 일이기도 하지요.

이 조사는 평범한 사람들인 우리가 부자들의 삶을 제대로 보지 못하고 있다는 걸 알려줍니다. 우리는 세상의 지배자들이 얼마나 벌고 있는지 모르고 있고, 부가 얼마나 심각하게 집중되어 있는지 알지 못합니다. 숫자로 밝혀지지 않았다는 게 아니라, 도무지 체감하질 못한다는 것이지요.

대기업의 CEO라고 해서 하루에 25시간, 26시간을 일하는 건 아닙니다. 이들이 보통 사람들에 비해 능력이 있다고 하더라도 350배의 능력을 가진 것은 아니겠지요. 단지 1등이라는 이유로 중간 조금 못 미쳐 결승선에 들어온 사람보다 350배의 보상을 받는 건 정의가 아닙니다.

이제 다시 정규직-비정규직 격차를 생각해봅시다. 어떤 사람이 다른 사람에 비해 '시험 보는 능력'이 조금 뛰어날 수 있습니다. 하지만 그 시험 결과 하나가 평생을 좌우한다면, 하물며 동일한 일을 하는 데 임금 격차가 두 배에 달한다면 그것은 정의롭지 않은 것이지요.

평등이라는 가치로 가면 문제는 더욱 심각합니다. 조국 전 장관에게 공개 대담을 요청했던 청년 노동자의 이야기를 인용해 보겠습니다. 그들은 스스로를 '흙수저 청년'이라고 불렀습니다. 특성화고를 졸업하고 건설현장에서 일하는 한 청년은 조 전 장관의 자녀 논란을 보면 "다른 세상에 사는 것 같았다"고 말했습니다. 자신은 하루 벌어 하루 먹고 사는데 신문에 나오는 이야기는 완전히 다른 세상의 이야기라는 것이지요. 태안화력발전소에서 일하다가 산재로 목숨을 잃은 김용균 씨나 구의역에서 홀로 스크린도어를 수리하다가 열차에 치여 사망한 '김군'은 과연 조 전 장관의 딸과 같은 출발선에 서 본 적이 있었을까요?

사람은 교육의 과정을 거쳐 사회로 진입합니다. 어느 사회에서나 교육은 출발선이지요. 하지만 모두 아는 것처럼 교육은 결코 평등하지 않습니다. 부모의 재산과 소득에 따라 전혀 다른 교육과정을 경험하게 되고, 그 결과가 '능력'이라는 이름으로 포장되어 사회적 지위를 형성합니다. 이것은 세습제 사회입니다. 과거처럼 성(姓)으로 양반과 평민을 나누지 않을 뿐 부모의 기득권이 자녀의 '스펙'으로 바뀌어 세습됩니다. 개천에서 용이 나지 않는 사회, 다른 말로 하면 계급간의 이동성이 없어진 사회는 무기력해집니다. 열심히 해도 결코 사다리를 올라갈 수 없다면 아무도 열정을 바쳐 공부하고 일하지 않을 것이기 때문입니다.

문제는 평등이고 정의다

교육의 문제는 사회경제적 문제와 겹칩니다. 입시제도, 교육제도를 이리저리 뜯어고쳐도 문제가 해결되지 않는 건 그런 문제를 만들어낸 사회경제적 구조를 바꾸려 하지 않기 때문입니다. 이른바 'SKY대학 출신'이 고위공무원과 전문직을 독점하는 학벌사회에서 대입전형을 어떻게 바꾸든 문제는 반복될 것

이석기 옥중수상록

입니다. 어떻게든 '인(in)서울'을 해야 정규직으로 취업할 수 있는 나라이니 어떤 제도에서도 소수점 아래까지의 끝없는 경쟁을 피할 도리가 없지요. 사회 구조 자체를 평등과 정의를 지향하는 방향으로 개혁하는 것이 교육문제를 풀어가는 출발이 된다는 뜻입니다.

이번에 조국 전 장관의 딸과 관련하여 언론과 여야 정치권은 과정의 공정성에만 집착했습니다. 표창장이 위조된 것은 아니냐, 인턴 경력이 조작된 것은 아니냐 같은 문제제기들이 그것이지요. 과정의 공정성은 물론 중요하고, 여기서 심각한 문제가 있었다면 책임이 있는 사람이 대가를 치러야 할 것입니다. 하지만 어쩌면 더 중요한 문제, 그러니까 출발선이 다르다는 문제와 이렇게 해서 얻은 결과가 지나치게 큰 격차를 불러온다는 건 다루지 않았습니다. 여야는 서로 죽일 듯이 싸웠지만 정작 중요한 문제는 비켜간 것이지요. 조 전 장관의 딸이 한 모든 행동이 규칙에 따른 것이고 아무런 잘못이 없었다고 하더라도, 앞서 청년들이 제기한 "나에겐 그런 기회조차 없었다"는 허탈함엔 아무런 대답이 될 수 없는데도 말입니다.

보수적 야당이야 그렇다치고 상대적으로 개혁적이라는 민주당도 마찬가지였습니다. 아예 한 발 더 나아가 "다들 그렇게 하는 것 아니냐"는 말까지 나왔지요. 정쟁의 과정에서 나온 말이기는 하지만 나는 '이제 이들이 우리 사회에서 진보적 역할을 하기는 어려울 것 같다'는 생각을 했습니다. 지금 집권세력의 중심을 이루고 있는 인사들, 그러니까 민주화운동에 참여했고 이제 사회의 중심 연배가 된 이들은 우리 사회에서 나름의 기여를 하였습니다. 하지만 지금처럼 과정의 공정성만을 붙잡고 그것이 문제의 핵심이라고 생각한다면 우리 사회는 20세기에서 한 발도 나아가지 못할 것입니다. 문제는 평등이고, 정의입니다. 이 문제를 푸는 건 아마도 새로운 정치세력의 몫일 겁니다.

세습되는 불평등을
바꾸는 힘

이제 대안을 이야기할 차례입니다. 우리 사회가 어떤 경제 모델을 지향해야 하는지에 대해 그동안 많은 논의가 있었습니다. 하지만 여기서 중요한 것은 현실입니다. 어떤 이론에서 출발해 연역해가는 방식으로 대안을 찾기보다, 지금 우리가 긴급히 풀어야 할 문제가 어딘지를 먼저 살피고 이를 해결해 나가는 이론을 만들어가는 게 더 나을 겁니다.

한동안은 경제가 성장하면 불평등도 저절로 해소된다고 생각했습니다. 평범한 사람들의 직관으로 보면 말도 되지 않는 주장이지만, 주류 경제학자들은 이를 오래도록 지지해왔습니다. 경제 발전 초기에는 고임금을 주는 부문이 제한되어 불평등이 증가하지만, 경제가 성장하면서 점점 더 높은 임금을 주는 쪽으로 인구가 이동하면서 불평등이 완화된다고 믿었습니다. 2차 세계대전 이후 한동안은 개발도상국에서 이런 가설이 입증되는 듯 했습니다.

교육은 이런 가설을 현실화하는 가장 중요한 도구로 간주되었습니다. 이런 믿음은 우리 사회에서도 강력하지요. 문맹률이 극적으로 낮아지고, 많은 사람들이 중고등 교육을 받았습니다. 우리 세대의 부모들은 자식들을 가르침으로써 가난에서 탈출할 수 있다고 믿었고, 실제 그렇게 되었지요. 1990년대 초반까지만 해도 한국은 높은 경제성장과 비교적 평등한 사회를 동시에 달성한 나라로 지목되었습니다.

하지만 이런 상황은 더 지속되지 않았습니다. 완화될 줄 알았던 불평등이 더 심해졌습니다. 지금 이런 믿음은 더 이상 통용되지 않습니다. 1997년 외환위기와 2008년 글로벌 금융위기를 거치면서 우리 사회의 불평등 구조는 날이 갈수록 공고해져갔습니다. 불평등 해소는 이제 누구도 부인할 수 없는 가장 긴급한 현안이 됐습니다. 우리가 찾아야 할 경제 대안도 이 문제에 대한 해법에서 출발해야 합니다.

경제적 불평등을 세 가지 차원에서 생각해 봅시다. 소득, 교육, 자산(재산)이 그것입니다. 소득이 쌓이면 자산이 되고, 자산은 이자나 지대를 통해 소득으로 바뀝니다. 교육은 소득의 중요한 원천 중의 하나이며, 높은 수준의 교육을 받자면 자산의 뒷받침이 필요하지요. 세대의 관점에서 보자면 부모의 사회경제적 지위는 자식의 자산이 됩니다. 흔히 '부모 찬스'라고 부르는 현상을 보면 자산이 어떻게 소득과 학력으로 바뀌는지 쉽게 이해할 수 있지요. 앞서 이야기한 문재인 대통령의 슬로건을 빌려 보자면 자산의 문제는 '출발선의 평등'을, 소득과 교육(학력)의 문제는 '결과의 정의'와 관련된 것일 터입니다.

이석기 옥중수상록

소득불평등을 완화하는 방법

불평등 해소의 첫 번째는 소득입니다. 소득 수준에 따라 한 사회 안에서 가질 수 있는 경험과 기회의 편차가 크기 때문입니다. 소득 격차는 불평등 구조의 근간을 이룹니다. 소득불평등을 완화하는 데는 두 가지 방향이 있습니다. 하나는 위를 깎는 것이고, 다른 하나는 아래를 보태는 것입니다. 불평등한 상황 자체를 바꾸려면 위를 깎아야 할 테고, 민중의 고통을 해결하려면 당연히 아래 쪽부터 보태야겠지요. 고소득층에 대한 과세 등이 위를 깎는 방법입니다. 세금 등을 통해 상위층의 소득을 사회적 재원으로 돌리면 불평등 지표는 완화됩니다. 이는 형평성 실현을 위해 중요합니다. 하지만 이것만으론 부족합니다. 불평등 해소는 단지 가진 사람들의 몫을 줄이는 데 머물러선 안 됩니다. 아래를 채워야 합니다. 아래를 채워야 민중들이 겪는 고통이 줄어듭니다.

아래를 채우는 방법은 여러 가지가 있습니다. 우선 가장 쉽게 생각할 수 있는 것이 소득이 작은 사람들의 월급을 올리는 방법이지요. 최저임금을 올리는 것이나 노동자들이 노동조합을 결성해 임금 인상에 나서는 경우가 그것이지요. 다음으로는 정부가 직접적으로 저소득층에 대해 급여를 제공하는 경우가 있습니다. 국민기초생활보장제도나 의료급여, 기초노령연금

등이 여기에 속합니다. 소득이 많거나 적거나에 관계없이 누구나 이용할 수밖에 없는 서비스들을 공공 부문이 낮은 가격에 제공하는 것도 하나의 방법입니다. 이를테면 국민건강보험을 통해 비교적 낮은 비용으로 병원에 갈 수 있도록 하는 것이나 대중교통 요금이나 전기료, 도시가스료 등을 저렴하게 유지하는 것이지요. 대학등록금을 낮추는 것도 꼭 필요한 일입니다.

이처럼 아래를 채워 불평등을 해소하는 데서 노동조합의 역할이 매우 중요합니다. 우리 사회의 불평등 수준이 낮게 나타난 때가 해방 직후와 1987년 노동자 대투쟁 이후라고 합니다. 모든 경제적 자원을 독점하던 일제가 물러난 뒤 우리나라는 모두가 가난했기 때문에 해방 직후의 불평등 지표는 낮게 나타날 수밖에 없었습니다. 물론 농지개혁을 단행한 것도 크게 작용했지요. 많은 불평등 연구자들이 주목하는 때는 1987년 6월 항쟁 뒤입니다. 1980년대 후반기는 '3저 호황'으로 한국 경제가 고도성장을 구가하던 때입니다. 여기에 더해 노동자 대투쟁의 성과로 노동자의 힘이 커졌고 강한 분배 압력으로 작용해 불평등 수준이 완화된 것입니다.

노동조합이 소득 분배의 중요한 수단이라는 것은 역사적으로 확인된 사실입니다. 미국이 대공황으로 침체된 경제를 되살리기 위해 단행한 정책이 뉴딜이었습니다. 대공황이 최고조에 이른 시기에 대통령에 취임한 프랭클린 루스벨트는 국가가 시장에 개입해서는 안 된다는 미국의 오랜 관념과 전통을 근본적으로 뒤집었습니다. 테네시강 유역 개발과 같은 사업을 대대적으로 전개하면서 일자리를 만들었을 뿐 아니라 노동조합 결성을 적극적으로 독려했습니다. 와그너법이란 이름의 전국노동관계법을 제정해 노동자들의 단체교섭권을 보장하고 부당노동행위를 적극적으로 억제했습니다. 이런 과정을 거치며 커진 노동자의 협상력은 임금소득의 증대를 가져왔고, 불평등을 완화하는 역할을 했습니다. 노동조합이 불평등 해소의 중요한 수단이란 사실은 극단적인 보수주의를 제외하면 현실에서 거의 확립되다시피한 견해입니다.

이런 점에서 문재인 정부의 소득주도성장은 매우 아쉽습니다. 나는 소득주도성장의 좋은 의도를 믿습니다. 하지만 실제는 크게 미흡했습니다. 경기침체 국면에 노동자를 비롯한 서민들의 소득을 증대시키려면 적극적인 재정정책은 필수적입니다. 하지만 문재인 정부는 재정 여력이 충분했는데도 소심하다는 평가를 들을 정도로 재정을 운용했습니다. 보다 근본적인 문제는 노동자의 힘을 키우는 데 아무 노력을 하지 않았다는 점입니다. 문재인 정부는 과거 정부처럼 노동자들을 물리적으로 탄압하진 않았지만 그 이상으로 나가지 못했습니다. 민주노

총을 소득주도성장의 동반자로 삼기보다 정부가 추진하는 개혁의 걸림돌로 여기는 듯한 태도를 보였습니다. 와그너법을 제정해 노동자의 교섭력을 키우는 데 주력했던 루스벨트의 길을 문재인 대통령이 이어갔다면 결과는 상당히 달라졌을 것입니다.

물론 문재인 정부에게 이런 기대를 거는 것이 온당치 못할 수도 있습니다. 민주당 정부가 갖고 있는 고유의 한계에서 비롯된 문제라 보는 것이 현실에 부합한 판단일 수 있습니다. 결국 이런 한계를 넘어설 수 있는 정치의 변화가 중요하겠지요. 우리 사회의 정치적 역관계를 두고서 '기울어진 운동장'이란 말을 종종 합니다. 기울어진 운동장은 정치만의 문제가 아닙니다. 경제가 훨씬 더 심합니다. 평형을 유지하려면 노동자의 대항력, 계급적 힘이 강해져야 합니다. 그래야 우리 사회의 불평등 해소를 위한 기본적 토대가 마련될 수 있습니다.

우리 사회는 대다수 선진국과 달리 자영업이 큰 비중을 차지합니다. 정보기술의 발전에 따라 이른바 '플랫폼' 노동도 크게 늘어납니다. 사실 중소규모 자영업이나 '플랫폼 노동'을 이해하는 데는 유사한 사례가 있습니다. 특수고용직이라고 불리는 노동자들이지요. 자기 트럭을 갖고 일하는 운수노동자를 생각해 봅시다. 이들은 대개 특정한 물류회사에 사실상 고용되어 있지만 계약상 노동자가 아니라 사업자입니다. 최근에 생겨난 플랫폼 노동자들도 거의 같은 형태이고, 어떤 의미에선 편의점 사장님이나 프랜차이즈 요식업주들도 비슷하지요. 문제는 이들에게 자신의 대항력을 키울 수 있는 법적, 사회적 토대가 없다는 점입니다. 노동자들이 자신의 노동 중 일부를 자본가에게 빼앗기는 것처럼 이들도 자신의 노동 중 일부를 수수료, 가맹비, 회비라는 이름으로 착취당합니다. '사장님'이라고 불리지만 실제의 현장에서는 자주성을 갖지 못하고 소속된 대기업의 노무지휘와 통제에 따릅니다. 누군가에게 종속되어 일한다면 그 사람은 노동자입니다. 노동자를 법으로 보호하지 않고, 그러니까 노동자에게 단결권과 단체교섭권, 단체행동권을 인정하지 않고 단지 사용자와의 계약 관계에만 맡겨두면 노동자는 자신의 노동력을 무한히 빼앗기게 됩니다. 이것은 모든 인류가 공감하고 있는 역사적 경험이지요. 그리고 이건 지금 우리 사회의 자영업자, 플랫폼 노동자, 특수고용직 노동자들이 겪고 있는 현실입니다.

이런 현실을 바꾸자면 이와 같은 사실상의 노동자들에게 노동3권이 보장되어야 합니다. '갑질 근절', '공정거래' 대신에 비슷한 처지에 있는 이들의 단결과 단체교섭이 더 근본적인 해결책이지요. 노동자들의 교섭력 강화가 소득불평등 개선의 가장 빠르고 효과적인 길이라는 건 노동자나 다름없는 자영업자나 허울 좋은 '사장님'의 경우도 마찬가지일 것입니다.

한편 소득이 많든 적든 관계없이 누구나 이용할 수밖에 없는 서비스들을 공공 부문이 낮은 가격에 제공하는 것을 사회임금이라는 개념으로 생각할 수 있습니다. 보통 임금은 노동력을 판매하는 대가로 자본가로부터 받는 돈을 말하지요. 이걸 시장임금이라고 한다면 사회임금은 고용 여부와 관계없이 누구나 받는 돈입니다. 보통 사회복지라고도 부르지요. OECD는 사회임금과 시장임금의 비중에 대해 통계를 내는 데, 이에 따르면 한국은 총임금 중에서 사회임금이 8%, 시장임금이 92%를 차지합니다. 한 사람이 이렇게 저렇게 벌어들이는 소득에서 복지의 비중이 8%라는 것이지요. 우리가 '복지 선진국'이라고 생각하는 스웨덴은 이 비율이 49:51입니다. 스웨덴이야 그렇다고 치지만 복지와는 전혀 관계가 없어 보이는 미국도 이 비율이 17:83입니다. 일본은 30:70, 영국은 25:75입니다. 백 보를 양보한다고 해도 지금 우리의 상황은 너무 한 것이지요.

스웨덴의 경우 해고된 노동자는 '국민이라면 누구나 받을 수 있는' 사회임금을 받고, 여기에 최장 3년 가량의 실업급여를 받습니다. 실업급여의 소득보전율이 70% 수준이니 고용되어 있을 때와 비교할 때 85% 수준의 소득을 유지할 수 있지요. 한국의 경우는 정반대입니다. 사회임금이 10%에 소득보전율이 30%에 불과한 실업급여를 길어야 8개월 간 받습니다. 해고가 되면 8개월 동안엔 37%의 소득을, 8개월이 지나면 10%로 전락하는 것이지요. 사회임금이 이렇게 낮은 나라에서는 '해고가 곧 살인'이 됩니다.

주택, 의료, 교육, 교통과 정보서비스 같은 삶의 '기본'을 누구나 국가로부터 제공받을 수 있다면 최저임금을 조금 넘는 수준의 시장임금으로도 생활할 수 있겠지요. 이런 사회에서는 누구나 '용'이 되기 위해 고군분투하지 않아도 될 것입니다.

나는 조직된 노동자들이 교섭과 투쟁을 통해 자기 몫을 쟁취하는 것과 동시에 사회임금을 높이기 위한 노력을 병행해야 한다고 생각합니다. 이미 민주노총은 이런 노력을 해왔지만 아직 모든 일하는 사람들이 체감할 정도에는 이르지 못한 것 같습니다.

세습되는 불평등

이제 좀 더 근본적인 사고로 들어가 볼까요. 지금 모든 사람이 다 똑같이 받아야 한다고 생각하는 사람은 거의 없을 것입니다. 노동시장에 참여하는 사람들의 능력은 다양하고 그에 걸맞는 대우를 받아야 한다고 생각하는 이들이 더 많겠지요.

하지만 능력주의엔 두 가지의 함정이 있습니다. 우선 능력이 있다고 무조건 차별이 정당화되지는 않는다는 것입니다. 예를 들어보겠습니다. 여기 두 사람이 있습니다. 한 사람은 손재주가 좋아서 열 개의 물건을 만드는 데 3시간이면 충분합니다. 다른 한 사람은 약간 굼뜨고 손이 느려서 열 개의 물건을 만드는 데 6시간이 걸린다고 칩시다. 그럼 앞의 사람이 2배의 보상을 받아야 할까요? 만약 이들이 각자 자영업을 하는 사람이라면 비슷한 결과가 나올 것입니다. 반면 이들이 같은 작업장에 소속되어서 하루에 똑같이 일을 할당받는다면 어떨까요? 손재주가 좋은 사람은 여유 있게 일을 하고, 그렇지 않은 다른 사람은 내내 열심히 일을 해야 할 겁니다. 그렇다고 하더라도 이들이 같은 일을 한 이상, 이들이 같은 임금을 받는 건 당연하겠지요.

다음으로는 능력이 만들어지고 측정되는 과정이 과연 공정한가라는 의문입니다. 우리 사회에서 능력을 측정하는 가장 대표적인 건 학생시절의 성적입니다. 우리가 기회의 평등이라고 할 때 자동적으로 떠올리는 건 누구나 교육을 받을 수 있고, 시험으로 그 결과를 측정할 수 있다는 관념입니다. 대기업에 입사하거나 공무원이 되기 위해서 시험이라는 관문을 통과해야 하고, 일단 그 관문을 통과하면 그렇지 않은 사람들보다 더 나은 대우를 받아도 된다고 생각합니다. 시험을 볼 '기회'만 모두에게 주어진다면 그래도 그 결과가 가장 '공정'할 것이라는 능력주의에 대한 신뢰가 이것이지요.

하지만 조국 전 법무부장관 논란에서 우리는 모두 알게 되었지요. 우리가 말하는 '능력'이란 건 어떤 부모를 만나느냐는 데 달렸다는 걸 말이지요. 수년간을 들여 시험을 준비할 수 있는 이와 당장 생활을 위해 비정규직 일자리를 받아들여야 하는 사람의 출발선은 다릅니다. 부모가 누구냐에 따라 학창시절 준비할 수 있는 '스펙'이 차이가 나고, 사교육을 동원해 높은 점수를 받는 것이 지금의 현실입니다. 그렇다면 그저 시험을 통해 우열을 가르는 것이 과연 정당한 것일까요?

어느 사회에서건 능력주의는 시간이 지남에 따라 타락합니다. 처음엔 순전히 개인의 잠재력과 노력에 따라 미래가 결정되더라도 이렇게 만들어진 차별이 구조화되고 다음 세대로 상속되는 걸 피할 수가 없기 때문이지요. 마치 시장에서의 자유경쟁이 타락하는 것과 똑같습니다. 처음에 경쟁을 통해 성장한 기업들이 일단 지배적 지위에 오르고 나면 진입장벽을 세워 다른 신생 기업들의 진입을 막고 독과점적 지위를 유지하려 드는 것과 다를 것이 없는 셈입니다. 오죽하면 "부모를 잘 만나는 것도 능력"이라는 말이 큰 화제가 되었겠습니까.

능력주의는 현대 사회의 불평등을 정당화하는 핵심적인 이

데올로기입니다. 누구나 능력과 노력에 따라 최선을 다하고, 그렇게 만들어진 결과의 차이는 감내할 수밖에 없다는 것이지요. 그러나 우리는 이미 지금의 불평등이 단지 개인의 능력이나 노력만으로는 설명할 수 없다는 걸 알고 있습니다. '개천에서 용 나는 시대는 지났다'는 말이 이를 설명합니다. 한 때 공정함을 의미했던 능력주의는 이미 타락해 버린 셈입니다.

능력주의의 타락에는 세습이 가장 중요한 역할을 합니다. 자신의 능력으로 얻은 자산을 자식에게 물려주는 과정이 반복되다보면 능력이 차이를 만들어 내는 게 아니라, 차이가 더 큰 차이를 만들어 내게 됩니다. 재산을 세습하는 것만이 아니라, 이른바 '능력'까지 세습하기 위해 애쓰게 되지요. 현대 사회에서는 소득이나 재산만큼이나 학력이 중요하고 학력을 만들어내는 데서 부모의 재산이나 눈에 보이지 않는 사회적 지위 같은 것이 결정적 역할을 하니까요. 독점도 능력주의를 타락시키는 중요한 요인입니다. 독점적 지위를 얻은 대기업들은 하청업체를 쥐어짭니다. 우리 사회에서 재벌에 대한 인식은 매우 좋지 않습니다. 그러나 한 때 벤처로 시작해 대기업의 지위에 오른 회사들이 보이는 행태도 별반 다르지 않지요. 이들이 '올챙이 시절을 기억하지 못하는' 게 아니라 독점이라는 구조가 만들어 내는 기계적 결과라고 봐야 합니다.

타락한 능력주의는 대개 외부적 충격에 의해 극복되었습니다. 토마 피케티의 연구에 따르면 20세기 중반은 유례없이 평등했던 시기라고 합니다. 부익부빈익빈을 생리로 하는 자본주의에서 20세기 중반은 아주 예외적이었다는 것입니다. 여기엔 20세기 초반 벌어진 두 차례의 세계대전과 러시아와 중국 등지의 사회주의 혁명, 그리고 자국 내의 강한 혁명적 압력이 놓여 있습니다. 내외부적 충격을 동시에 받은 자본주의는 지나친 부의 독점과 세습을 제한할 수밖에 없었던 것이지요.

나는 모든 사람이 똑같은 대우를 받는 것은 가능하지 않고, 또 정당하지도 않다고 생각합니다. 누구나 노력함으로써 좀 더 나은 처지로 나아갈 수 있는 기회가 봉쇄되어선 안 되겠지요. 하지만 이런 원칙을 지키기 위해서도 지금과 같은 상황은 혁파될 필요가 있습니다. 지금은 '누구나 노력함으로써 좀 더 나은 처지로 나아갈 수' 없게 되었으니까요.

능력주의의 타락을 회복하자면 앞서 말한 것처럼 외부적 충격이 필요합니다. 혁명이나 전쟁과 같은 거대한 움직임도 그런 충격 가운데 하나일 것이고, 비교적 간단해 보이는 개혁도 비슷한 역할을 할 수 있습니다. 이를테면 과거 군사정부가 시행했던 과외 금지나 고교 평준화가 그렇습니다. 정규직과 비정규직 간의 임금 차별을 금지하거나 비정규직의 경우 오히려 정규직보다 더 많은 임금을 주도록 제도화할 수도 있겠지요. 원하청 사이의 불공정 거래에 대해 징벌적 손해배상을 하는 것도 방법이 될 수 있을 겁니다. 만연한 학벌주의를 타파하기 위해 대학을 평준화하는 것은 어떨까요? 언뜻 생각하면 지나친 공상처럼 보이지만 프랑스나 독일처럼 이미 그렇게 되어 있는 나라들도 있습니다. 우리에게 필요한 것은 희망하고 상상하고 행동하는 것이지요.

대담한 변화를
위하여

이제 불평등의 뿌리라고 할 자산(재산)의 불평등과 세습(상속)에 대해 생각해 봅시다. 소득불평등과 달리 자산불평등은 그동안 크게 주목받지는 못했습니다. 소득이 쌓이면 자산이 되니, 소득격차를 해소하면 자산격차는 큰 문제가 되지 않으리라 봤기 때문입니다. 하지만 그렇게 누적된 자산 격차가 소득만으로는 해소되기 힘든 단계가 되면 이야기가 달라집니다. 자산격차가 다시 소득 격차로 이어지고, 계층 이동의 기회조차 앗아가며 불평등이 구조화된다면 자산불평등은 단순히 소득격차의 결과라는 정도로 넘어갈 수 없습니다. 자산 격차 자체를 줄이기 위한 대책이 필요합니다.

우리 사회에서 자산은 흔히 집이나 건물, 땅과 같은 부동산과 같은 의미로 쓰입니다. 경제활동을 오래한 사람들일수록 어떻게든 부동산을 장만하려하고, 이를 자녀에게 물려주려고 애를 씁니다. 경험적으로 부동산 가격은 결국 오르고 부동산 가격이 오르는 것이 소득이 늘어나는 것을 압도한다는 걸 알고 있기 때문이지요. 청년들의 장래 희망이 '건물주'가 된 것은 이런 경험을 학습한 결과일 것입니다.

여기엔 하나의 거대한 착각이 깔려 있습니다. 부동산 가격의 거품이 그것입니다. 이런 현상은 보석 같은 사치품들에서나 나타납니다. 그러니까 집이 '살' 공간이 아니라, 금이나 다이아몬

드 같은 사치품 혹은 가치 저장 수단이 되었다는 것입니다. 세계적으로 보더라도 2008년 금융위기 이후 각국이 쏟아낸 통화정책은 어마어마한 현금을 시장에 쏟아 부었습니다. 그 결과 자산 시장에는 커다란 거품이 형성되었지요.

이렇게 형성된 거품은 두 가지의 커다란 문제를 만들어 냅니다. 우선 자산을 가진 사람과 그렇지 않은 사람의 격차를 크게 벌렸습니다. 지금 집이 없는 사람들이 일을 해서 집을 살 가능성은 거의 없어졌습니다. 평균적인 노동자들로서는 소득을 전혀 쓰지 않고 모으기만 하더라도 20년은 걸려야 집을 살 수 있다고 하니까요. 부동산 가격이 오르면 가격 상승 속도만큼은 아니더라도 임대료도 오릅니다. 열심히 일해서 번 돈이 이렇게 흘러나갑니다.

더 큰 문제도 있습니다. 거품이 점점 커지고 있다는 것이지요. 집값은 계속 오르고, 이대로 가면 안 될 것 같다고 생각하는 이들은 은행 빚을 내서 집을 삽니다. 열심히 일해 은행 이자를 내고 쪼들리면서 삽니다. 남들이 보면 서울에 아파트 한 채 가지고 있는 중산층이지만, 실제로는 늘 현금에 쫓기고 집값이 혹여 떨어지는 것은 아닐까 근심을 안고 삽니다. 그리고 이런 이들 덕분에 집값은 다시 오릅니다. 거의 모든 나라의 정부는 부동산 가격 하락이 낳을 충격을 우려해 이런 거품을 키우는 정책을 유지하고 있지요.

이런 메커니즘은 결코 영원할 수 없습니다. 언젠가는 거품이 꺼지기 마련입니다. 가까운 일본은 이미 1990년대 초반부터 부동산 가격이 정체하기 시작했습니다. 집값이 떨어지면 주택담보대출을 한 은행들이 위험해 집니다. 일본 정부는 그야말로 결사적으로 집값 하락을 막았습니다. 시중에 끊임없이 현금을 주입했지요. 하지만 이미 엄청난 부채를 안고 있는 이들은 은행 이자를 내기 위해 소비를 줄였습니다. 집값이 더 이상 오르지 않으니 손해를 보고 집을 팔 수도 없게 되었지요. 이렇게 초래된 것이 이른바 '잃어버린 30년'입니다. 세계에서 가장 부유한 나라 중 하나인 일본의 국민들은 결코 부유하지도, 행복하지도 않습니다.

우리 사회도 일본처럼 이미 고령화–저출생에 접어들었습니다. 사람이 오래 사는 것이 나쁜 일이 아니고, 어떻게든 지금보다 더 많은 인구가 필요한 것도 아니지요. 하지만 이런 추세가 지속되면 결국 집값에 낀 거품은 꺼지고 말 것입니다. 나는 기득권층의 고령화–저출생에 대한 호들갑에는 자신들이 가진 자산 가격 하락에 대한 두려움이 깔려있다고 생각합니다.

마르크스는 국가 권력은 전체 부르주아지들의 공동 사업을 관장하는 위원회에 불과하다고 한 적이 있습니다. 이런 특성이 가장 잘 드러나는 게 정부의 부동산 정책이지요. 빚을 내서라도 집을 사라고 했던 박근혜 정부는 말할 것도 없지만, 민주당 계열의 정부도 집값을 잡는 데 실패했습니다. 이른바 '핀셋' 규제를 거듭하고 있는 문재인 정부도 그렇지요. 사실 주택문제의 해법은 매우 간단합니다. 주택은 사람이 사는(live) 데서 필수적이지요. 주택의 뿌리가 되는 토지는 영원한 것입니다. 토지를 소유한다는 관념 자체는 아무런 근거가 없지요. 토지는 모두의 것이고, 주택은 누구나에게 필요한 것입니다. 토지와 주택을 배타적으로 소유하고 이를 통해 부를 축적할 수 없도록 해야 합니다. 이런 토지공개념은 사실 새로울 것이 없는 이야기입니다. 이렇게 하면 다주택자들의 집은 매물로 나오게 될 것이고, 당연히 집값은 떨어지게 될 것입니다. 정부는 이런 상황이 커다란 정치적 부담을 낳을 것이라고 보는 듯합니다. 자신들이 뿌리내리고 있는 계급의 이익을 배신하는 것일 테니까요. 그런 면에서 마르크스의 지적은 여전히 현재형이지요.

자산 소유에 과감한 제한을

자산불평등 문제를 근본적으로 해소하자면 자산 축적이 필요 없는 사회 구조를 만들어내야 합니다.

먼저 전제해 둘 것이 있습니다. 자산불평등의 해소가 부동산 자산과 금융 자산의 소유를 확대하는 식으로 가선 안 된다는 점입니다. 분배와 분산은 다릅니다. 대부분의 사람들은 평생 일을 해도 서울에 아파트 한 채 장만하기 어렵습니다. 이 격차가 더 큰 격차를 낳고 불평등을 구조화시킵니다. 그렇다고 전 국민에게 집을 한 채씩 준다는 식의 해법은, 실현 가능성은 논외로 하더라도 바람직하지도 않습니다. 공공임대주택이 활성화돼 있던 영국은 대처 정부 시절 임대주택을 민간에 불하하는 정책을 단행했습니다. 내 집 마련의 꿈을 실현하게 된 노동자들의 지지와 환호는 당연했습니다. 노동당도 여기에 적극적으로 호응했습니다. 하지만 결과는 좋지 않았습니다. 자기 집을 갖기 위해 은행에서 빚을 내야만 했고, 모두가 집을 소유하는 방향으로 움직이니 덩달아 집값도 뛰었습니다. 주택의 자가 소유를 확대한 공공임대주택 불하는 '서민의 내 집 마련'이 아니라, 공공이 제공하는 저렴한 임대주택의 축소에 불과했던 것입니다.

금융 자산의 경우도 비슷합니다. 우리사주조합이 노동자 경영참여의 유력한 대안으로 간주되던 때가 있었습니다. 이 역시 결과가 좋지 않았습니다. 제도적 제약도 컸지만, 노동자들의 관심은 주로 주가에 쏠렸고 경영 참여에 이르지는 못했습니다.

이처럼 자산재분배는 소득재분배와 다릅니다. 소득재분배는 소득 자체를 필요한 곳에 배분하면 어느 정도 정책 목표가 실현됩니다. 반면 자산재분배는 자산의 분산이 목표라 보기 어렵습니다. 분산된 자산이 당장의 불평등 관련 지표를 개선시킨다 해도, 사회 구성원들의 자산 소유 관념을 공고히 한다면 당초의 취지는 사라지기 십상입니다. 자산재분배는 자산 축적이 필요 없는 사회적 조건 마련이 가장 중요한 핵심입니다. 소유에 대한 관념을 더 강화하고, 여기에 얽매이게 하는 해법은 바람직한 대안이 아닙니다.

자산불평등 문제는 필연적으로 재산권에 대한 논의로 이어집니다. 자산의 소유를 제한한다는 것은 재산권에 어느 정도 한계를 지을 것인가의 문제이기 때문입니다. 여기서 사회주의를 떠올릴 수 있습니다. 실재했던 체제 중 사유재산을 가장 강력히 통제한 체제이기 때문입니다. 하지만 역사를 거슬러 올라가면 꼭 그렇지도 않습니다. 재산권을 어느 정도 보장할 것인지는 인류가 경제 공동체를 이루고 살아가면서부터 쟁점이 됐습니다.

고대 그리스 사회에서 플라톤이 공유제를 주장했다는 사실은 널리 알려져 있습니다. 그가 살았던 시대는 민주주의의 전성기를 지나 금권정치가 기승을 부리고 사회적 혼란이 극심했던 때였습니다. 절제와 덕성을 강조했던 플라톤이 공유제를 주장한 것은 어찌 보면 당연한 귀결입니다.

그 뒤의 역사에서도 재산권 자체를 문제삼는 논의를 어렵지 않게 찾아볼 수 있습니다. 〈유토피아〉를 쓴 영국의 정치가 토마스 모어도 사유재산권이 없는 사회를 주장했습니다. 유교 사상이 강력히 지배한 중국을 비롯한 동양에서도 묵자와 같은 사상가는 사유재산제도의 정당성을 회의했습니다. 고대 중국에서 이상적인 토지제도로 생각했던 정전제도 재산권을 절대적으로 생각하지 않았다는 방증입니다. 조선 시대에서도 우리는 토지균분제를 주장하며 사유재산에 문제제기를 한 실학 사상가들을 만날 수 있습니다. 반봉건 혁명을 이끈 동학도 마찬가지입니다. 재산권이란 게 누구도 건드릴 수 없는 절대적인 권리는 아니라는 점을 역사 속에서 확인할 수 있습니다.

사유재산제를 바탕으로 세워졌다는 자본주의도 크게 다르지 않습니다. 현대 자본주의 체제도 고율의 소득세나 상속세를 도입해 자신의 문제점을 개선하고 극복해왔다고 볼 수 있습니다. 앞서 언급한 뉴딜 시대의 미국이나 유럽 선진국의 다수가 꽤 오랜 기간 동안 고소득층에게 고율의 세금을 부과했습니다.

우리 현대사에서도 이런 사고는 매우 폭넓었습니다. 해방이 눈앞에 다가왔던 1941년 중경에 있던 대한민국 임시정부는 '건국강령'을 발효합니다. 조소앙이 기초한 이 강령은 '삼균(三均)

주의'를 표방했는데, 즉 누구나 선거에 참여할 수 있는 정치적 평등, 빈부 격차를 없애기 위한 경제적 평등, 누구나 학비 걱정과 의료비 걱정에서 벗어나야 한다는 사회적 평등을 내용으로 했습니다. 조소앙은 토지 와 '대(大)생산기관'의 국유화를 주장했는데, 그러니까 요즘으로 하자면 토지는 물론 대기업도 개인의 소유가 아니라 '모두의 것'이 되어야 한다고 본 것이지요.

임시정부의 건국강령은 제헌헌법에도 이어집니다. 제헌헌법은 놀랍게도 "사기업에 있어서 근로자는 법률의 정하는 바에 의하여 이익의 분배에 균점할 권리"를 규정했고, "광물 기타 중요한 지하자원, 수산자원, 수력과 경제상 이용할 수 있는 자연력은 국유로 한다", "중요한 운수, 통신, 금융, 보험, 전기, 수리, 수도, 가스 및 공공성을 가진 기업은 국영 또는 공영으로 한다"고 했습니다. 당시 가장 중요한 재산이었던 토지에 대해서도 "농지는 농민에게 분배하며 그 분배의 방법, 소유의 한도, 소유권의 내용과 한계는 법률로써 정한다"고 규정했지요.

이처럼 재산권에 대한 제약은 늘 첨예한 쟁점이었지만 결론은 하나로 모아졌습니다. 적절한 개입과 제약은 필요하다는 것입니다. 역사상 완전한 사유재산제는 존재하지 않았습니다. 지금 우리가 살고 있는 체제도 이를 토대로 세워졌습니다. 재산권에 대한 토론이 반드시 사회주의 논쟁으로 비화될 필요가 없는 이유입니다. 우리가 해결해야 할 절박한 문제에 대한 답을 이념적 틀에 얽매이지 않고 찾아나가면 될 뿐입니다.

어쩌면 우리가 살고 있는 지금이 바로 그때일 것입니다. '더 이상 이대로는 안 된다'는 인식이 확산되고 있기 때문입니다.

자산불평등 해소를 위한 대안은 어느 정도 마련되어 있습니다. 이를 언 발에 오줌 누기 식으로 운영할 것인지, 아니면 실제 불평등 해소를 실현할 정도로 만들어나갈 것인지는 남아있지요. 보유세의 하나이고 부유세적인 성격도 갖고 있는 종합부동산세 강화도, 이런 점에서 가볍게 여길 수 없습니다. 금융소득 과세 강화처럼 오래도록 논의만 되고 있는 정책을 실행하는 것도 중요합니다. 문재인 정부도 이를 공약했지만 아직 지켜지지 않고 있습니다.

더 구조적인 변화를 위해 여기서 한 걸음 더 나가봅시다. 앞에도 설명한 것처럼 재산권이 영속적이고 배타적인 권리라는 관념을 되짚어보자는 것입니다. 개인이 축적한 재산은 온전히 그 사람 개인의 것일까요. 그렇지 않다고 생각합니다. 공동체 안에서 살아가는 인간의 경제활동은 그 자체가 상호작용입니다. 한 사람의 부는 해당 개인과 사회의 상호작용의 산물입니다. 그렇다면 사회는 개인의 부에 대해 더 적극적으로 자기 권리를 요구할 수 있습니다.

이미 우리의 경제체제와 재정제도는 이런 방법을 갖고 있습니다. 부의 이전 과정에 부과되는 상속세와 증여세입니다. 이 수단을 적극적으로 활용해 해법의 실마리를 찾을 수 있습니다. 세계적인 불평등 연구자인 피케티도 이런 대안을 제시하고 있습니다. 피케티는 최근에 쓴 책에서 '일시적 소유(temporary ownership)'라는 개념을 내놓았지요. "각 세대는 막대한 재산을 축적할 수는 있지만, 다음 세대 또는 잠재적 상속인에게 이를 양도할 때에는 재산의 상당 부분을 공동체에 반환해야 한다", "그럼으로써 그 다음 세대들은 새로운 발판을 마련해나갈 수 있다"는 것입니다. 피케티는 그 방안으로 자산재분배를 위해 누진적 상속세를 도입하고, 최고 구간에 90%의 세율을 적용하자는 제안을 했습니다.

우리나라의 상속세는 이미 누진적으로 설계돼 있습니다. 여기에 더해 최고 구간의 세율을 90%로 바꾸면 됩니다. 최고구간 아래까지는 적절한 상속세를 납부하면 상속을 허용하되, 이를 넘어서는 구간부터는 국가가 모두 환수할 수 있게 됩니다. 이런 정책은 자산 가격을 정상화해 자산 불평등을 해소하는 데도 큰 기여를 할 것입니다.

현재 상속세와 증여세 최고 세율이 50%이니 과격한 방법처럼 보일 수도 있습니다. 하지만 과거에도 상속세는 상당히 높

이석기 옥중수상록

은 세율이 적용됐습니다. 재산권을 절대시한다는 미국도 20세기 중반에 수십 년 동안 80% 가까운 세금을 부과했습니다. 상속세를 처음 도입했던 이승만 정부 시절의 최고세율도 90%였다고 합니다. 이 세율은 박정희 정권 중반기까지 이어졌습니다. 사실상 환수에 가까운 90%라는 세율은 불가능한 얘기가 아닙니다. 우리 사회가 이미 경험한 방법입니다. 세금이란 수단을 이용해 상속이나 증여의 한도를 정하는 이런 방법은, 정치적 의지만 있다면 실현 가능하다는 장점이 있습니다. 문제는 정치적 의지, 다시 말하자면 불평등을 해소하겠다는 강력한 의지를 가진 정치세력의 힘이겠지요.

새로운 문제들

나는 지금까지 소득과 자산이라는 두 가지 방향에서 불평등을 해소하기 위한 제안을 내놓았습니다. 하지만 빠뜨리지 않아야 할 것이 하나 더 있습니다. 바로 이런 정책을 추진하기 위한 환경의 문제입니다. 우리가 경험해 온 자본주의는 그대로 두면 불평등을 심화시키는 방향으로 나아갑니다. 이를 역진시키는 건 정치의 몫입니다. 그러니 정치의 공간과 경제의 공간이 같이 움직이지 않으면 안 됩니다. 이는 1980년대 이래로 질주해 온 세계화를 멈춰 세우는 것으로 나아갑니다.

지금과 같이 연결된 사회에서 세계화를 멈춰 세운다는 게 과연 가능하냐는 질문이 나올 것입니다. 이는 먼 미래에서 답을 찾을 필요가 없습니다. 세계화가 낳은 극단적 문제점은 우리가 이미 직면하고 있으니까요. 바로 코로나19 사태와 지구적 기후 위기가 그것입니다.

코로나19 사태에서 각국은 국경을 닫았습니다. 다른 나라에서 들어오는 바이러스를 막겠다는 이유에서였습니다. 하나로 연결되어 있다던 세계는 막상 중국의 우한 지역에서 발생한 보건위기를 막는데서는 아무런 도움이 되지 않았습니다. 그것은 단지 중국의 문제였고, 나아가 사회주의—독재 체제의 문제였습니다. 하지만 일단 국경을 넘은 바이러스는 그렇게 간단하게 해결되지 않았습니다. 선진국이라는 유럽과 미국은 중국을 넘는 감염자와 사망자를 냈습니다. 이 나라들의 가장 큰 문제는 마스크와 방진복, 인공호흡기 같은 비교적 간단한 의료용품이 없고 돈이 없으면 병원을 갈 생각도 하지 못하는 낙후한 의료체계였습니다. 선진국들이 자랑하던 뛰어난 의료 기술은 신종 코로나 바이러스 앞에서 맥없이 무너졌습니다. 그들의 뛰어난 기술은 그저 부유층을 위한 것이었지, 글자 그대로 '공중'의 보건 문제에서는 아무런 힘을 발휘하지 못했지요.

각국이 국경을 닫으면서 문제는 더욱 커졌습니다. 소재와 부품은 일본과 독일에서 만들고, 조립은 베트남과 중국에서 하고, 완제품은 한국에서 만들고, 소비는 유럽과 미국이 한다는 글로벌 공급 사슬이 끊어진 것입니다. 이렇게 망가지는 경제를 조정할 정치적 주체는 어디에도 없다는 것이 드러났지요.

이제 움트고 있는 식량 위기는 어떻습니까? 이미 주요 곡물 수출국들은 자국의 농산물 수출을 통제하기 시작했습니다. 모자라면 사오면 된다는 발상은 이 문제를 해결하지 못하고 있습니다. 하나의 경제공동체의 출발점이라고 할 식량과 보건 문제가 세계화에 의해 심각하게 타격을 받았음이 드러난 것이지요.

사실 코로나19 사태로 드러난 문제들은 훨씬 덜 격렬하게 기후 위기에서 이미 드러난 것이기도 합니다. 지구상의 몇몇 지역에 편중된 화석연료를 전세계가 특히 선진국들이 소비하면서 일어난 기후위기는 소리없는 암살자처럼 인류를 죄어오고 있었습니다. 다양한 국제회의들이 이 문제를 다뤘지만 어떤 실효성있는 대책도 나오지 못했지요.

기후 변화의 직격탄을 맞아 식량 생산이 교란되고 있는 것도 비슷합니다. 자기 공동체의 필요와는 무관하게 세계적 시장을 전제로 한 단일 작물 재배는 저개발국들의 환경을 파괴하고 있습니다. 이렇게 파괴된 환경이 기후 위기를 일으키고, 이렇게 만들어진 기후 위기가 앞서의 작물 재배를 불가능하게 만드는 악순환이 이어집니다. 물론 이런 위기는 단기적으로는 상품 시장을 지배하는 자본들에게는 또 하나의 돈벌이 기회이기도 했겠지요.

신자유주의적 세계화가 추진했던 제도의 변화는 어떻습니까? 신자유주의적 세계화의 공세 속에서 이명박-박근혜 정부는 의료 민영화를 추진했습니다. 만약 그들의 시도가 성공했더라면 우리는 지금 미국이 겪고 있는 어마어마한 보건 위기에서 신음하고 있었을 것입니다. 이처럼 초국적 자본의 이익을 위해 남의 제도를 이식하려는 시도는 그 자체로 민주적이지도, 선진적이지도 않습니다.

사람은 자신의 생활세계와 국민국가, 그리고 초국가적 제도의 영향 아래에서 살아갑니다. 하지만 코로나19 사태와 기후 위기에서 드러난 것은 초국가적 제도가 제 힘을 발휘하지 못하고, 정치적 책임을 결코 지지않는 초국적 자본과 이를 지원하는 미국을 비롯한 몇몇 강대국들의 이익 추구 행위가 세계화의 실체였다는 사실입니다. 문제가 없을 때는 이익을 챙겨갔던 이들이 막상 문제가 발생했을 때는 언제 그랬냐는 듯이 국경을 닫아걸었습니다. 물론 그들은 자신들의 공동체에 대해서도 무책임했지요. 하지만 우리를 지킨 건 세계에서 가장 평등하다고 할 수 있는 공공보건의료체계였습니다. 우리가 소득과 자산의 불평등 문제를 풀어나가자면 마치 우리의 보건의료제도가 그러했던 것처럼 자주적이고 자립적인 토대를 놓치지 않아야 하겠지요.

지금은 우리가 살아가고 있는 공동체의 자주성을 지키면서 평등을 향한 대담한 변화를 시작할 때입니다. 우리는 과거보다 더 연결된 지구에서도, 정치적 책임을 분명히 하는 공동체를 중심으로 평화와 협력을 통해 살아가야 합니다. 그것을 새로운 국가라고 불러도 좋고, 민족공동체라고 불러도 좋을 것입니다. 나는 우리가, 세상의 그 누구보다 앞서서 이 길을 열어나갈 수 있다고 믿습니다.

새로운 백년의
문턱에 서서

지난 총선에서는 민주당이 180석이 넘는 의석을 차지해 압도적인 여당이 되었습니다. 다른 말로 하자면 수구냉전세력이 완패를 한 것이지요. 이들은 거대 야당에서 작은 야당으로, 결국 군소 정당으로 몰락할 것입니다.

민주당은 단독으로 국정을 운영할 수 있는 명실상부한 여당이 되었습니다. 이에 따라 과거와 같은 민주−진보연합의 시대도 지나간 것으로 보입니다. 민주−진보연합은 진보진영의 정치세력화에도 기여했지만, 민주당 혼자서는 승리를 할 수 없었던 상황에 기인한 것이기도 합니다. 이제 민주당은 자신을 제외한 다른 세력에게 손을 내밀 이유가 없어졌지요.

민주당의 압승에는 여러 마뜩찮은 요인들도 있습니다. 무엇보다 승자독식의 소선거구제가 그렇습니다. 정당 지지를 묻는 비례대표 선거에서는 미래통합당의 위성정당인 미래한국당과 민주당의 위성정당인 더불어시민당이 거의 같은 표를 얻었습니다. 또 하나의 위성정당이라고 할 열린민주당을 합쳐도 그 차이는 5% 수준이었지요. 하지만 국회의석의 대부분이 지역구에서 나오다보니 이 정도의 지지율 차이는 의석수에서 큰 차이를 만들어냈습니다.

거대 정당들이 위성정당이라는 반칙을 한 것은 부끄러운 일입니다. 특히 민주당은 작은 정당들과 함께 비례성을 강화한 새로운 선거법을 만들어 놓고도 결국 위성정당을 내세웠습니다. 혼자서는 아무 것도 할 수 없었던 20대 국회에서는 다른 민주-진보 정당들의 도움을 받다가, 막상 선거를 앞두고서는 위성정당을 만들어 다른 정당의 의석을 빼앗은 셈입니다. 민주당이 자신이 아닌 민주-진보 정당의 성장을 원하지 않고 있음이 확인된 것이지요.

진보정치세력은 다소 침울해 보입니다. 하지만 이는 민주당의 성공에 비해 상대적인 것일 뿐 진보정당들의 총합을 보면 여전히 10% 수준의 지지를 받고 있지요. 국민 열 명 중 한 명은 진보정당을 지지합니다. 이는 그 자체로도 크고, 또 별다른 '스타'가 없는 조건에서 나왔다는 점에서 진보적 가치에 대한 국민의 열망은 여전하다는 걸 보여줍니다. 진보정치의 자산은 이처럼 충분하지요. 더구나 수구세력이 패퇴하면서 생겨난 공간은 진보정치에게 큰 기회가 될 것이 분명합니다. 호랑이에겐 큰 산이 필요한데, 이제 날개를 달 수 있는 시간이 된 것이지요.

물론 변화된 상황을 정확하게 인식하고 새로운 실천을 만들어내지 못한다면 기존의 지지층 지키기에서 벗어나지 못할 수도 있습니다. 지금은 이 문제에 대한 고민이 집중되어야 할 때입니다.

나는 2000년대 들어 거대 양당의 기득권 체제의 혁파를 화두로 삼고 살아왔습니다. 1987년 이후 지금의 민주당과 국민의힘은 두 차례 정권교체를 통해 각기 집권하였습니다. 하지만 이들 사이의 차이는 그리 크지 않았지요. 이번 총선에서도 보수야당의 지휘봉을 들었던 김종인씨야말로 거대 양당 체제의 증인이라고 할 수 있습니다. 그는 2012년 대선에서 박근혜 정부를 만들어내는 데 기여했고, 2016년 총선을 앞두고는 민주당을 도왔습니다. 그가 총선에서 다시 미래통합당의 감투를 썼는데 아무도 이를 이상하게 생각하지 않지요. 김종인씨 개인으로 말하자면 그때그때 유력해 보이는 정당과 정치인을 선택하는 기회주의적 처신을 잘한 것에 불과하지만, 그를 내세웠던 정치세력의 처지에서 보자면 참으로 한심한 것이 아닙니까.

물론 박근혜 정부처럼 냉전적이고 폭력적인 사고로 일관한 정부 아래에서 민주당에 대한 지지는 진보적 의미가 있었습니다. 이 시기 진보진영이 민주당과 손잡는 걸 꺼리지 않았던 이유이자 민주당이 진보진영과의 연합에 응했던 이유이지요. 하지만 이제 보수야당과 결이 다르다는 이유만으로 민주당을 진보적이라고 볼 수는 없습니다. 민주당은 비교적 합리성을 갖춘 보수 세력의 중심이 될 것입니다. 물론 진보정치가 충분히 성장하지 않은 상황이니 민주당이 이른바 '협치'를 내세워 수구세력과 타협하는 것도 계속될 것이구요.

민주당 정권을 진보 정권으로 보는 것은 보수 언론들의 '판짜기'가 만들어 낸 착시입니다. 수구 세력의 일부이기도 한 이들의 이해관계에서 보자면 민주당 정권을 진보정권으로 보는 것은 자신들이 살아갈 수 있는 공간을 확보하는 게 됩니다. 진보가 있으면 보수가 있기 마련이니 뭔가 좀 문제가 있어보여도 보수야당이나 자신들의 존재 이유는 있는 것 아니냐는 논리겠지요. 이들이 보수가 아닌 것처럼, 민주당 역시 진보라고 할 수는 없습니다.

나는 거대 양당 체제의 혁파가 그저 다당제의 확립이라고 생각하지 않습니다. 거대 양당 체제란 서로 결사적으로 싸우는 것처럼 보이는 두 정당이 실제로는 타협을 통해 사회의 기득권을 보호하는 체제를 말하는 것입니다. 그러니 거대 양당 체제의 혁파란 한 축에서는 냉전적 보수세력을 소수화시키는 것이고, 다른 한 축에서는 진보정치세력이 성장하여 정치의 일각을 담당하는 것이 되어야 합니다. 이렇게 되어야 기득권 과두 체제로서의 양당 체제가 무너집니다. 이번 총선에서 보수야당은 소수화되었고 앞으로도 계속 그 추세를 벗어나지 못할 것입니다. 하지만 진보정치세력은 기대한 만큼 성장하지 못했습니다. 그러니 남은 과제는 진보정치의 도약, 하나가 되었습니다.

진보정치가 도약하자면 민중의 세력화라는 본질에 집중해야 합니다. 민중의 세력화란 글자 그대로 민중 자신이 힘을 가져야 한다는 의미입니다. 이 사회의 기득권층, 다른 말로 하자면 엘리트들은 자신들이 힘이 있다고 믿습니다. 실제로 한 두 다리만 건너면 힘 있는 사람이 있고, 이런 연줄을 찾기 위해 수고를 아끼지 않지요. 이번 총선에서 강남의 투표결과를 보면 놀라울 정도의 계급 투표가 발견됩니다. 강남이라고 해서 모두가 잘살 리는 없지요. 하지만 자신들이 힘이 있다는 인식이 공유되고, 종부세 완화와 같은 실제적 경험 위에서 이런 투표 결과가 나옵니다. 반면 진보세력의 경우에는 그렇지 못합니다. 노동조합에 소속된 노동자들조차 선거에서 진보정당을 찍지 않는 경우가 많습니다. 진보정당은 힘이 없다고 느끼는 것이지요.

민중 자신이 힘을 가지려면 무엇보다 스스로의 힘을 믿어야 합니다. 그러자면 자신이 가진 힘을 확인하는 경험이 필요합니다. 나는 1990년대 초반의 진보정당 창당에 대해 회의적이었습니다. 1987년 민주항쟁 이후 사회운동 진영은 매우 고무되어 있었지만 민중의 조직은 아직 충분히 성장하지 못한 상태였기 때문이었습니다. 당시 진보정당을 추진했던 이재오, 김문수, 장기표씨는 모두 유명한 운동가들이었지만 결국 보수정당 그것도 냉전적이고 폭력적인 정당에 투항하고 말았습니다. 이들이 신념이 약한 것도 이유였겠지만 민중의 세력화라는 본질에 충실하지 못했던 것이 더 큰 원인일 것입니다.

박정희나 전두환은 군부의 힘으로 집권했습니다. 이른바 3김, 즉 김영삼, 김대중, 김종필은 지역적 기반이 튼튼했지요. 이들에 비하면 이렇다 할 족적을 남기지 못한 정주영은 돈이 있었습니다. 어찌되었건 기댈 데가 있어야 정치세력은 생존하고 성장할 수 있지요. 진보정당의 진지는 무엇이 되어야 할까요? 그것은 그야말로 민중, 즉 아래로부터의 힘이 있어야 합니다. 그렇게 되지 않는 한 아무리 유명하고 뛰어난 인사들이 모여 당을 만든다고 해도 오래갈 수가 없습니다. 1990년대 초반 진보정당의 실패는 예견된 것이었지요.

2000년대 이후의 진보정당은 1996년 말 노동법 총파업의 경험 위에서 민주노총의 조직적 결정을 통해 추진됐고, 그 결과 우여곡절에도 불구하고 작지만 안정적인 지지를 받았지요. 이처럼 민중의 세력화는 무엇을 이루느냐에 앞서 누가, 어떻게 이루느냐가 중요합니다. 이를테면 노동악법 개정을 추진한다면 이를 실현하는 것도 중요하지만 노동자 자신이 대화와 토론을 통해 그 중요성을 인식하고 스스로 주인이 되어 승리의 경험을 갖는 것이 백배는 중요하다는 것이지요. 주장 자체가 얼마나 급진적인가, 태도가 전투적인가 그렇지 않은가, 새로운 문제 제기인가 아닌가 등은 이에 비하면 덜 중요하지요.

진보정치가 도약하자면 마치 2000년대 초반에 그랬던 것처럼 다시금 현장에서부터 운동을 일궈야 합니다. 노동조합이 있다면 노동조합 안에서, 노동조합이 없다면 노동조합을 만드는 데서부터 시작해야 합니다. 노동자 농민, 민중의 힘을 키우자면 먼저 노동자 농민, 민중 속에 녹아드는 게 시작일 테니까요. 이를 통해 노동자들이, 농민들이 진보정당을 흔쾌히 지지하게 되면 그때 진보정치의 도약은 이루어질 것입니다. 이런 일을 해 낼 개척자들이 우리 사회에 충분히 있다고 믿습니다.

청년과 여성의 세력화는 진보의 시대를 여는 데서 관건이 되는 문제입니다. 사회 세력은 고정된 것이 아니고, 끊임없이 변화합니다. 학생운동과 청년운동은 민주화 과정에서 특출한 기여를 했습니다. 청년들이 가진 새 것에 대한 지향과 높은 의식 수준, 열정이 결합한 결과였지요. 이런 세대적 특성은 잘 변하지 않을 것입니다.

나아가 지금 청년세대들이 직면하고 있는 문제는 결코 만만하지 않습니다. 현재의 청년 세대는 우리 사회가 해방 이후 줄곧 유지해왔던 암묵적인 전제, 그러니까 부모 세대에 비해 더

풍요롭게 살 것이라는 약속이 주어지지 않은 첫 번째 세대입니다. 1997년 이후 전 사회를 장악한 신자유주의적 흐름은 불평등을 크게 심화시켰고, 이렇게 고착된 불평등은 자녀 세대로 세습되고 있습니다. 불안정한 일자리, 턱없이 치솟은 집값, 학교와 직장에서 겪어야 하는 끝없는 경쟁은 청년들이 당사자로서 맞닥뜨린 문제들입니다.

조금만 더 길게 생각하면 기후위기 역시 청년들에게 중요한 문제입니다. 코로나19처럼 기후위기는 과거에는 상상할 수 없었던 새로운 문제들을 만들어 낼 것입니다. 이 문제들에 대해 청년들이 기성세대에 비해 더 예민하게 접근하는 건 꼭 필요한 일이지요.

누구나 자신의 문제들을 풀어내자면 학습하고, 조직하고, 투쟁해야 합니다. 으레 선거가 다가오면 기성 정당들은 청년들을 우대하는 척 합니다. 이렇게 해서 몇몇 '잘 나가는' 청년들이 정치에 진출한다고 해서 상황이 개선되지는 않지요. 이미 2010년대 들어 주요 정당들이 청년 정치인들을 내세웠지만 그 결과는 우리가 다들 알고 있으니까요.

청년의 세력화는 청년 대중운동의 발전 속에서만 이룰 수 있습니다. 스스로의 문제를 해결하기 위한 청년 대중운동을 활발하게 일으키고, 이 속에서 정치적 진출을 도모하는 것이 진정

이석기 옥중수상록

한 의미의 청년 정치입니다. 진보정당과 사회운동 속에는 예민한 문제의식을 가진 뛰어난 청년들이 많이 있습니다. 나는 이들이 청년들의 생활현장에서부터 대중운동을 일으킬 수 있고, 또 일으켜야 한다고 믿습니다. 자기가 싸워서 얻은 것이 아니면 진정한 자기 것이라고 할 수 없습니다. 기성 정당의 구색맞추기는 청년 세대의 문제 해결에 아무런 도움이 되지 않을 것입니다.

여성의 독자적인 정치세력화 역시 눈앞에 다가온 과제입니다. 촛불혁명 이후 가장 거세게 진출한 사회세력은 여성입니다. 억압의 대상이었던, 심지어 진보운동 내에서조차 자주 부차적인 존재로 간주되었던 여성들은 최근 들어 여러 차례 커다란 투쟁들을 일구었습니다. 만약 하나의 운동이 다른 운동을 낳을 수 있다면 폭력과 차별을 반대하는 여성운동은 촛불혁명의 계승자라고 할 것입니다.

여성은 스스로 충분한 의식적 토대를 갖추었습니다. 하지만 실제 현장에서 폭력과 차별을 극복하는 데까지 나아가지는 못하고 있습니다. 이를테면 국회 내 여성의원들의 비율은 꾸준히 늘고 있지만, 기업의 임원들은 20년 전이나 지금이나 모두 남성 일색입니다. 여성노동자의 임금이 남성에 비해 낮은 것도 여전하지요. 폭력의 문제도 비슷합니다. 'N번방'과 같이 형태를 바꾸어 등장하는 여성에 대한 폭력은 기성의 법과 제도의 맹점을 틈타 활개를 치고 있으니까요.

여성의 정치세력화는 미룰 수 없는 과제이며, 이를 기성정당에 의존하지 않고 독자적으로 해나갈 기반도 있습니다. 폭력과 차별을 반대한다는 커다란 틀 속에서 기성 정치인이나 기존의 운동과도 당연히 연대해야겠지만, 지금은 자신의 두 발로 서기 위한 본격적인 노력이 시작되어야 할 때입니다.

오랫동안 우리 사회는 냉전적 사고를 가진 수구세력들에 의해 지배되어 왔습니다. 하지만 그들의 시대는 이제 지나갔지요. 그들에겐 화려한 과거가 있을지 모르지만, 그런 과거는 되돌아올 수 없습니다. 지금은 '리버럴'의 시간이지요. 우리 사회의 주류는 이미 바뀌었습니다. 하지만 이들 역시 계속해서 주류의 자리에 머무를 수는 없을 것입니다. 이들이 민중 속에 굳건히 자리잡지 않는 한 또 하나의 '엘리트 정치세력'으로, 기득권의 일부분으로 변화할 것이니까요. 이런 변화는 진보운동에게는 아주 유리한 환경을 제공합니다. 새로운 상상력, 새로운 운동, 민중의 진출을 백안시하고 공권력을 동원해 억누르려 했던 세력이 쇠퇴한 것이니까요.

동시에 나는 현재의 정권이 민중의 오랜 염원을 실현할 수 있으리라고 보지 않습니다. 문재인 정권 역시 외세와 기득권

　　　　　　　　　　이석기 옥중수상록

세력으로부터 벗어나 완전히 새로운 길을 열어가지는 못할 것입니다. 의지가 있다고 하더라도 진단이 틀렸고, 근본적 처방을 내놓고 이를 실천하는 데는 한계가 있다는 의미에서입니다. 그런 의미에서 현 정권을 진보정권이라고 생각하는 건 정확한 평가가 아닙니다.

현 정부의 여러 한계에도 불구하고 나는 지금 우리가 새로운 백년의 문턱에 서 있다고 생각합니다. 지난 몇 년간 일어났던 변화들, 무엇보다 촛불혁명에서 드러난 우리 민중의 잠재력이 그 증거입니다. 민중이 자신의 힘을 자각하고 뭉쳐서 일어나면 그 무엇으로도 이를 가로막을 수 없습니다.

18세기 이후 인류는 자신들의 대안적 미래를 사회주의라고 생각해왔습니다. 20세기 후반 사회주의가 큰 좌절을 겪은 후에 이를 고집하는 사람들은 크게 줄어들었지요. 우리가 사회주의라는 단어를 통해 보고자 했던 것은 어쩌면 소박한 것이었습니다. 누구나 자신이 살 집을 구할 수 있고, 아프면 치료받을 수 있으며, 평등한 교육을 받고, 교통과 정보통신 서비스에 자유롭게 접근할 수 있는 사회가 그것이지요. 이런 사회에서는 아마 최저임금을 약간 상회하는 정도의 수입으로도 충분히 평화롭고 행복한 삶을 누릴 수 있겠지요. 국가가 민중의 집이 되고, 공동체가 개인의 든든한 보호막이 될 테니까요.

지금까지의 사회는 누구에게나 꼭 필요한 재화와 서비스를 개인의 책임에 맡겨왔습니다. 이 사회에서 재산이 없는 이들은 생존을 위해 동분서주하고, 조금 가진 이들은 혹여 그것이 사라질까봐 초조해합니다. 심지어 어느 정도 재산이 있고 사회적 지위를 갖춘 이들도 이를 보존하기 위해 스스로를 착취하고, 그 꼭대기에 있는 이들조차도 늘상 불안감에 시달립니다. 아무도 자유롭지 않고, 아무도 행복하지 않은 셈이지요.

우리는 지금껏 이런 사회를 자본주의 선진국이라고 불렀고 이들을 따라잡기 위해 애써왔습니다. 1997년 IMF 이후 우리 사회는 노골적으로 이들을 닮으려 했습니다. 하지만 최근 들어 우리는 커다란 변화를 보았습니다. 2016년 말 촛불항쟁과 지금 겪고 있는 코로나19 사태를 보면서 나는 우리가 자본주의 선진국들보다 더 나은 출발선에 서 있다고 느낍니다. 지금 우리가 직면한 문제들이 만만치 않지만, 우리에게는 세계 어느 나라와도 비교할 수 없는 민중의 역량이 있다는 뜻이지요. 그렇기에 우리에게 앞으로의 백년은 지난 백년과는 전혀 다를 것입니다.

자주, 평등, 평화와 통일은 아직 오지 않은 미래입니다. 하지만 삶의 모든 현장에서 변화를 일으키고 이를 정치적 힘으로 만들어 낼 때 더 나은 미래는 만들어질 것입니다. 이것이 새로

이석기 옥중수상록